교회에서 쓰는 말과 글, 이렇게

-설교문 비평을 곁들여-

이복규

지식과교양

머 리 말

"경우에 합당한 말은 아로새긴 은 쟁반에 금 사과니라."[잠 25:11]

우리말과 글에 민감하게 반응하며 살다 보니 어느새 환갑입니다. 식자우환이라더니, 세상에 나가서든 교회에서든, 우리말 어법에 어긋난 표현을 만나기만 하면 냉가슴을 앓곤 합니다. 그런 내 마음을 최근에 낸 시집에서 이렇게 나타냈습니다.

틀린 글자만 보여요
틀린 발음만 들려요
무슨 좋은 약 없나요?

-이복규, 〈직업병〉 전문-

정말 그렇습니다. 근 30년간 틈틈이 그 틀린 글자와 발음들을 적어 왔습니다. 기도를 듣다가, 설교를 듣다가… 거슬리는 대목이 보이고 들릴 적마다 그랬습니다. 더러는 교회나 목회자 모임에서 이것으로 특강하기도 했습니다. 그 분량이 상당해 우선 내 카페에 올렸습니다. 하지만 카페를 이용하지 않는 분들을 위해서는 책도 필요하겠기에 정리하여 이렇게 펴냅니다. 예배 용어, 기도 용어, 설교 용어, 예식 용어, 찬송 · 복음송 용어, 기타 교회 용어, 설교문의 문제점, 이런 차례로 실었습니다. 맨 끝에는 부록으로, 교회에서 글 쓰고 말하는 데 필요하다고 여겨지는 것들을 몇 가지 수록했습니다.

교회 용어 또는 교회 언어를 다룬 책은 이게 처음이 아닙니다. 그런데 왜 이 책을 내느냐, 이 책만의 특색이 뭐냐고 누가 물으면 네 가지로 답하겠습니다.

교회에서 쓰는 말(교회 용어)에 대해 일찌감치(1993년부터) 관심을 가져온 사람으로서 보탤 게 있어서라고 먼저 말하렵니다. 아직도 교회에는, 교회 열심히 다니는 학생은 국어 과목 만점 받을 수 없다는 말이 있을 정도로, 학교 국어시간에 배우는 우리 어법이나 문법과 배치되는 표현들이 많습니다. 말씀으로 계시하시는 하나님은, 우리 민족에게는 한국어로 당신을 계시하시니, 교회에서 쓰는 말과 글을 아주 정확하게 써야만 하나님의 진리를 드러낼 수 있습니다. 제대로 하나님을 경배할 수도 있고 성도끼리의 교제도 이룰 수 있습니다. 영어 발음 잘못하고 스펠링 틀리면 수치로 여겨도, 우리말과 우리글 잘못 쓰는 데는 둔감한 것만 같아 안타깝습니다. 할 말이 많습니다.

두 번째는 몇 편의 설교문이 지닌 국어국문학 또는 글쓰기로서의 문제점을 분석해 실었습니다. 그동안 신학적인 측면에서의 설교비평서는 나왔으나, 국어국문학 또는 글쓰기와 관련지은 비평문은 아직 나온 적이 없습니다. 앞으로 이 작업을 계속하여 단독저서로 출판할 생각입니다만, 여기에서 그 일단을 보이고자 합니다. 세 분 목사님의 설교문만 다루었으나, 거기에서 보이는 문제점은 다른 목회자 분들의 설교에서도 엿보입니다.

세 번째는 그간의 책들에서는 찬송가, 사도신경, 주기도문을 거론할 때 바뀌기 전의 것을 대상으로 했으나, 이 책에서는 개정된 것을 이용해 현실화했습니다.

네 번째는 필요한 것 네 가지를 부록으로 실었습니다. 한국어의 특징, 글쓰기의 중요성과 비결, 글쓰기의 절차와 과정, 기독교 각종 예식 예문이 그것입니다. 한국어는 영어를 비롯한 외국어와 다른 말인데도, 그 점을 잘 모르는 것만 같아, 그간 밝혀진 사실을 정리해 제시하였습니다. 글쓰기에 대한 글은, 필자가 써서 다른 교재에 수록했거나 글쓰기 특강을 위해 마련한 원고를 다듬어서 여기 함께 실었습니다. 맨 끝의 기독교 예문은 목회자 분들만 가지고 다니고 구하기도 어려운 바, 여기 수록해 평신도들도 이용하도록 했습니다.

모쪼록 이 책이 다른 책들과 함께, 교회 안에서 쓰는 말들을 '경우에 합당한 말'로 '은 쟁반에 금 사과'처럼 다듬는 데 이바지하였으면 좋겠습니다. 이 일을 위해 나는 국어국문학 연구자로서 달란트를 활용해 사명을 계속해 갈 것입니다.

이 책의 내용이 신학과 성경에 비추어 적절한지 검토해 주신 밥죤스신학교 추연수 목사님과 대한성서공회 번역실 전무용 박사님께 감사드립니다. 체제나 우리말 표현은 교원대 명예교수 최운식 은사님, 공주교대 명예교수 최명환 선생님, 교육수필가 최연선 선생님, 이정희 권사님, 양정화 선생님께서 수고해 주셨습니다. 그런데도 오류가 있다면 그건 모두 내 탓입니다.

머리말을 마무리하면서 한 가지 바람이 있습니다. 신학교에서 '교회에서 쓰는 말과 글'에 대한 관심을 가져주었으면 하는 것입니다. 영국에 유학해 공부하신 민경배 목사님의 전언에 따르면, 그곳에서는 학기마다 말의 정확한 사용을 신학생들에게 교수한답니다. 우리도 그렇게 훈련을 받은 분들이 목회자가 되어야만 교회에서 쓰는 말과 글이 좀더 정확하고 아름다워지리라 믿습니다.

2016년 8월 일
서경대 연구실에서
이복규

차 / 례 /

I. 예배 진행 용어

Ⅱ. 기도 용어

III. 설교 관련 용어

V. 찬송 · 복음송 용어

VII. 설교문에서 보이는 옥의 티들 −설교문, 비평−

I.

예배 진행 용어

1. 준비 찬송 합시다

예배를 진행하는 사람이 흔히, 예배 시각 전에 찬송하자면서 "준비 찬송"하고 말기 일쑤입니다. 하지만 준비 찬송이라는 표현은 좋지 못합니다.

찬송은 항상 그 자체로 하나님께 영광을 올려드리는 행위여야 합니다. 말 그대로 하나님을 찬미하는 데 목적을 두어야 다른 어떤 것을 위한 수단으로 삼아서는 곤란합니다. 수영하기 전에 몸을 푸는 준비 운동을 하듯, 찬송을 그렇게 준비용으로 부를 수는 없습니다.

"찬송이나 부릅시다" 이런 표현도 종종 듣는데 하나님께 매우 죄송한 일입니다. 다시 말하지만, 찬송은 수단일 수 없습니다. 목적이어야 합니다.

그러니 '준비찬송'이란 표현 대신에 '예배 전 찬송'이라는 표현이 좋다고 생각합니다. 아니면 그냥 '찬송하시겠습니다'라고 하면 됩니다.

"준비찬송합시다" → "찬송하시겠습니다", "예배 전 찬송하시겠습니다."

2. 기원과 기도

예배 순서의 첫머리에 들어 있는 기원 순서는 기도와 다릅니다. 기원은 간구가 전혀 없이 오직 허물 많은 무리를 정결하게 하시어 하나님이 영광받으시는 예배가 되게 해 달라고 아주 짧게 하는 것입니다.

기원은 대개 '예배에의 부름'이라는 순서에 이어서 하는 게 보통입니다. 예배에의 부름은, 우리를 초청하시고 부르시는 하나님의 메시지를 담은 성구들을 읽는 것으로 진행하기도 합니다. 이 순서는 하나님이 회중을 향하여 주시는 말씀이어야 하기에, 반드시 적절한 성경 말씀으로 진행됩니다. 그러고 나서 기원을 합니다.

3. 사회자

'사회'는 집회나 회의, 예식 등에서 진행을 맡은 사람을 지칭하는 말입니다. 교회에서도 각종 회의를 주관하는 사람을 사회자라 할 수 있습니다. 그러나 하나님을 예배하는 자리에서 그 일을 주관하는 사람을 사회자라고 부르는 것은 적절치 않습니다. '집례자'란 표현이 좋습니다. 예식을 집행한다는 뜻이므로 교회의 예배 용어로 쓰기에 적합합니다.

다만 집례자란 말이 좀더 전문적인 느낌을 주는 용어이기에 목사가 아닌 경우에는 '인도자'로 부르는 것이 좋습니다.

4. 집사님둘 주관으로 예배드립니다

집사 주관으로 드리는 예배를 인도하는 이가 예배를 시작하면서, "집사님들 주관으로 드리는 예배"라고 하는 경우가 많습니다. 다른 기관이 주관하는 경우도 마찬가지입니다.

이는 우리 언어 예절에 비추어 잘못입니다. 자신도 집사이니, '집사님들'이라고 하면 제 스스로를 높이는 격이 되기 때문이지요. 그 기관에 속한 사람이 아닌 이가 인도하면서 소개하는 말이라면 모르지만, 그 기관 소속자가 스스로를 높일 수는 없는 일입니다.

"집사 주관으로 드리는 예배입니다."

이런 식으로 표현해야 옳습니다.

5. 묵도하심으로 예배 시작합니다

'묵도'라는 표현은 개역한글 성경 느헤미야 2장 4절에 등장합니다. '묵상기도'는 천주교의 용어이고, '묵도'는 기독교 즉 개신교의 용어입니다. 묵도는 '묵상'과 '기도'를 합친 말이 아닙니다.'묵도'와 '묵상기도'는 서로 다릅니다.

개신교에서는 '묵도하다'를 '소리 내지 않고 기도하다'라는 뜻으로 써왔습니다. 최근에는 '명상기도'라는 것 때문에 말이 많지요. 묵도는 소리 내서 하는 기도 즉 소리 기도(vocal prayer)와 대립되는 말입니다.

하지만 이는 가능하면 쓰지 않는 게 좋습니다. 기독교의 예배는 묵도로 시작하는 것보다는 좀 밝게 시작할 필요가 있습니다.

"이제 주악에 맞추어 예배로 나아갑니다."

"이제 경건한 마음으로 정성을 모아 하나님께 예배를 드립니다."
"찬송 ○○○장을 부르심으로 예배로 나아갑니다."

이렇게 하는 게 좋습니다.

6. 아무개가 우리를 대신해서 기도해 주시겠습니다

대표기도는 거기 모인 사람들의 간구사항을 한 사람이 집약하여 드리는 기도입니다. 대신해서 드리는 게 아니라 대표해서 드리는 것입니다.

그러니 "대신해서"라든가 "기도해 주신다"는 표현은 잘못입니다. "아무개가 대표기도를 인도하겠습니다"로 표현하는 게 맞습니다. 그 시간에 모든 사람이 같은 심정으로 그 기도에 호흡을 맞추고 있다가 일제히 아멘하는 것입니다.

7. 사도신경하시겠습니다

사도신경은 우리의 신앙 고백을 문장으로 요약해 담은 글입니다. 사도신경에 근거해, 사도신경을 따라서 우리의 신앙을 고백하는 것이지, 사도신경을 하는 게 아닙니다.

'사도신경하심으로'가 아니라 '사도신경으로(사도신경을 낭송하심으로) 우리의 신앙을 고백하겠습니다'라고 해야 합니다. 아울러, 천천히 해야 합니다. 쉼표가 있는 데에서는 정확하게 쉬면서 천천히 해야 합니다. 미국 한인교회 김영봉 목사님이 백주년기념교회에 오셔서 집회를 인도하면서, 제발 좀 천천히 신앙고백했으면 좋겠다고 주문한 이후, 천천히 하고 있다고 그 교회 다니는 우리 형이 전해 줍니다. 아마 많은 교회가 신앙고백을 빠르게 하고 있지 않나 싶습니다.

"신앙고백하시겠습니다."
"신앙을 고백하시겠습니다."

이렇게 표현하는 게 좋습니다.

8. 주기도문하심으로 / 주기도문 외우겠습니다

"주기도문하신다"는 표현은 잘못입니다. 성경합니다란 말이 불가능하듯 이것도 마찬가지입니다. 주기도를 하는 것이지 주기도문을 하는 게 아닙니다. 주기도(주님 가르쳐 주신 기도)를 드리는 것입니다.
"주기도문 외우겠습니다"라는 표현도 마찬가지로 문제입니다. 암송하는 게 아니라 기도하는 것입니다. 내 기도처럼 생각하면서 내 기도 삼아 하는 것입니다.

"주님 가르치신 대로 기도하겠습니다."
"주님 가르쳐 주신 기도를 드리겠습니다."
"주님 가르쳐 주신 대로 기도하겠습니다."

이렇게 표현하는 게 좋습니다. 이래야만 주기도를 주기도답게 할 수 있습니다. 물론 신앙고백처럼 천천히 음미하면서 해야 합니다. 의미를 생각하며 기도하면 주기도가 얼마나 포괄적인 기도이며 고차원적이면서도 절실하고 구체적인 기도인지 느끼게 됩니다.

9. 아무개께서 대표기도해 주시겠습니다

"아무개께서 대표기도해 주시겠습니다." 이 표현에 무슨 문제가 있는 것일까요?

'---해 주시겠습니다.' 이 표현부터가 문제입니다. 대표기도는 회중의 공통적인 관심사 또는 기도제목을 한 사람이 집약하여 아뢰는 기도입니다. 누가 누구를 위해서 하는 기도가 아닙니다. 대신해서 드리는 기도도 아닙니다. 왕왕 "아무개가 우리를 대신해서 기도해 주시겠습니다" 이렇게 표현하기도 하는데 이중으로 틀린 것입니다.

그 다음으로 문제가 되는 것은 '아무개께서'라는 표현입니다. 원칙적으로는 하나님 앞에서 기도하는 것이므로 특히 학생들이나 청년들이 주관해서 드리는 예배이되 어른들도 함께 드리는 예배에서는 절대로 쓰면 안 됩니다. 경어법이 우리 언어문화의 특징이므로 이 전통을 따라야 합니다.

"아무개가 기도하시겠습니다(기도 인도하시겠습니다)."
"아무개가 대표기도하시겠습니다(기도 인도하시겠습니다.)"

이러면 충분합니다. 왜 인도한다는 표현을 하느냐면, 앞에서 말한 대로, 원래는 모두가 일제히 드려야 하는 기도를 어느 누군가가, 마치 민요할 때 선소리꾼처럼 그 기도를 앞에서 인도하는 의미가 강하기 때문입니다.

10. 아무개가 우리를 대신해서 기도해 주시겠습니다

대표기도는 거기 모인 사람들의 간구사항을 한 사람이 집약하여 드리는 기도입니다. 대신해서 드리는 게 아니라 대표해서 드리는 것입니다. 그러니 "대신해서"라든가 "기도해 주신다"는 표현은 잘못입니다. 〈아무개가 대표기도를 인도하겠습니다〉로 표현하는 게 맞습니다. 그 시간에 모든 사람이 같은 심정으로 그 기도에 호흡을 맞추고 있다가 일제히 아멘하는 것입니다.

대표 기도자는 미리 나가야 합니다. 대표기도 시간에 자주 안타깝게 느끼는 게 있습니다. 찬송 마치고 기도하기까지 지나치게 뜸들이는 시간이 많다는 것입니다. 주보에 이미 대표기도자가 누군지 나와 있는 데다, 사회자가 "이 찬송 부른 후에 아무개 님이 대표기도를 인도하시겠습니다" 이렇게 친절하게 안내까지 하는데도 그 찬송이 다 끝난 다음에야, 그때서야 천천히 앞으로 나가서 단상앞에 서기 때문에 그런 간격이 생기고 있습니다. 이건 정말 시정해야 할 일입니다. 예전처럼 앉은 자리에서 일어나 거기서 기도할 때는 아무 문제가 없지만, 단상 앞에 나가서 기도하도록 바뀐 환경에서, 여전히 예전처럼 행동해서는 안됩니다. 좌석에서 단상까지의 거리가 상당하므로, 찬송 부른 후에야 맡은 분이 움직이면 그 많은 교우들은 그 귀중한 시간을 낭비하게 됩니다.

이렇게 해야 합니다. 대표 기도자는 앞 자리에 앉아 있어야 하고, 찬송 마지막 부분을 부를 때 이미 천천히 앞으로 나가야 합니다. 그래서 찬송이 끝날 때는 이미 단상 앞에 서 있어야 합니다. 찬송이 끝나자마자 바로 기도할 수 있어야 합니다.

그리고 제발 앞에 나가서 "다함께 기도하시겠습니다" 이런 말은 안 했으면 합니다. 다들 이미 고개 숙여서 기도할 준비가 완료돼 있는데, 기도만 하면 되는데, 왜 그 말이 필요한지 이해할 수 없습니다. 혹 유초등부 예배 때, 주의가 산만한 어린이들의 주의 집중을 위해서 필요한 그 말을, 성인 기도시간에까지 할 필요는 없습니다. 마치 설교자가 설교 첫 머리에 "다 같이 설교 듣겠습니다" 이런 말 하는 것이나 마찬가집니다. 시간 낭비고 언어 낭비입니다.

이 두 가지, 정말 시급하게 시정해야 할 점입니다. 그 짧은 예배시간을 이런저런 행동이나 말로 낭비하거나 부자연스런 분위기가 연출되지 않도록 노력해야 하겠습니다

11. 대예배

이 표현은 그리 좋은 건 아닙니다. 대예배가 있다면 다른 예배는 중예배거나 소예배가 될 테니까요. 모든 예배는 다 중요합니다. 중예배, 소예배는 없습니다.

주일예배, 주일오전예배, 주일2부예배

이렇게 표현하는 게 좋습니다. 대예배실도 문제가 있으나 큰 예배실이라는 의미로도 볼 수 있으므로 허용할 만합니다. 이미 보편화하여 있기도 합니다.

12. 수요예배 / 금요심야예배 / 새벽예배

공식적인 예배는 주일예배만입니다. 그래서 헌금도 있고 찬양대 찬양도 있습니다. 다른 예배들은 엄밀히 말하면 성격이 다릅니다. 가장 무난한 표현은 기도회입니다.

삼일기도회, 수요기도회, 금요기도회, 금요심야기도회, 금요철야기도회, 새벽기도회

이렇게 표현하는 게 가장 좋습니다.
새벽예배와 관련해 일러둘 게 있습니다, 초창기에는 예배한 게 아니라 예배당 문만 열어놓으면 각자 와서 기도하고 갔다고 합니다. 그게 맞습니다.
이러던 게, 언제부터인지 오늘날처럼, 거의 경쟁적으로 예배라고 부르고 설교도 하고 이렇게 바뀌어 있습니다. 예배라고 부르면서 기도 시간은 약화되어 있다고 보입니다.

13. 성경봉독할 때 잘못 쓰는 말(1)-몇 장 몇 절로 몇 절 말씀

성경봉독을 인도하면서, "몇 절에서 몇 절까지의 말씀을 읽겠습니다" 이렇게 말해야 하는데, "몇 절로 몇 절까지의 말씀"이라고 표현합니다. 명일동 어느 대형 교회 주일예배 녹화방송을 보니 그렇게 큰 교회에서도 그러고 있었습니다.

왜 그럴까? 아마도 지금과 같은 한글맞춤법이 제정되기 전, 그러니까 1933년 이전부터 갓쓴 사대부 신자들이나 초기 우리 조상들이 구결식이나 한문읽기투로 그렇게 표현했던 것이 그대로 구전되어 내려오는 것이 아닐까 생각해 봅니다.

이상해서 개화기 국어를 연구하는 정길남 교수께 문의하니, 글에는 안 나오고 통상적으로 구어로만 존재하고 있다고 합니다. "로부터"라고 해야 하는데 줄여서 "로"라고 하고 있다는 것이지요. 어법에는 분명히 안 맞는 말인데 그렇게 쓰고 있다는 것인데 바로잡아야 할 일입니다.

14. 성경봉독할 때 잘못 쓰는 말(2)-성경을 받들어 봉독

설교 직전에 사회자가 본문 성경 말씀을 읽을 때 하는 말입니다. 그런데 봉독(奉讀)이란 말 자체가 '받들어 읽음'(받들 봉, 읽을 독)이란 뜻을 지니고 있으니, 이 역시 '거룩한 성일'과 마찬가지로 의미가 중첩돼 부자연스러운 표현입니다. 따라서 그냥 '성경을 봉독하겠습니다'라고 하거나 '성경을 받들어 읽겠습니다'라고 해야 하겠습니다.

내 맏동서가 세상을 떠서, 발인예배에 참석했습니다. 대전의 어느 교회 담임목사님께서 집전하셨습니다. 운구차 앞에서, 관이 보이는 가운데, 가족과 교우들이 빙 둘러선 가운데, 담임목사님은 아주 은혜스러운 설교를 통해 우리 모두에게 소망과 위로를 느끼게 했습니다. 그런데 딱 한 가지 옥의 티가 있었습니다. 설교 직전에 성경말씀을 소개하고 나서, 이러셨습니다.

> "요한복음 몇 장 몇 절에서 몇 절의 말씀을 제가 대독해 드리겠습니다."

그리고는 목사님께서 그 말씀을 혼자 읽으셨습니다. '대독'이라? 대독이란 말은 '남을 대신하여 읽음'을 의미합니다. 예컨대 대통령의 축사나 기념사를, 마땅히 대통령이 읽어야 하나, 사정상 대통령이 참석하지 못할 경우, 국무총리나 누가 대신해서 읽는 것을 말합니다. 그때 잘 들어보면, 분명히 국무총리가 읽는데도, "몇 월 며칠 대통령 아무개 대독"이럽니다.

하지만 설교 직전에 성경본문 말씀을 읽는 것은 이것과는 성격이 다릅니다. 그 말씀 읽는 사람이 특별히 정해져 있지 않습니다. 하나님의 말씀을 인간 누구나 읽게 되어 있습니다. 특정한 사람의 목소리가 담긴 무슨 축사나 기념사와는 다릅니다. 하나님의 메시지를 우리가 읽는 시간이 성경봉독 시간입니다.

보통은 사회자나 설교자 혹은 담당자 혼자 읽게 되어 있으나, 교독으로 읽을 수도 있고, 합독으로 읽을 수도 있습니다. 마치 민요를 부를 때, 독창으로 부를 수도 있고, 교환창이나 선후창으로 부를 수도 있으며, 합창(제창)으로 부를 수도 있는 것과 마찬가지입니다.

그러니, 성경을 읽을 때는 설교자나 사회자 혹은 담당자가 혼자 읽는 경우, 회중과 교대로 읽는 경우, 일제히 함께 읽는 경우, 이 세 가지가 있을 뿐인데, 어느 경우에도 '대독'이라고 할 수는 없습니다. 그냥 혼자 봉독하거나 함께 봉독(합독)하거나, 교대로 봉독(교독)하는 것만 있을 따름입니다.

'대독'이란 말이 맞다면, 과연 누가 읽어야 할 것을 대신 읽는단 말일까요? 회중이 읽어야 할 것을 사회자가 대신 읽는단 말인가요? 하나님이 읽어야 할 것을 사회자가 대신 읽는단 말인가요? 어느 모로 보나 이해할 수 없는 표현이며 부자연스럽고 부적절한 표현입니다. 이런 표현은 쓰지 않아야 합니다.

15. 성경봉독할 때 잘못 쓰는 말(3)—제가 읽어 드리겠습니다 / 제가 봉독해 드리겠습니다

성경 봉독은 하나님 말씀을 하나님을 대리하여 읽는 순서입니다. 그러니 그냥 읽는 것이지 읽어 주는 것이 아닙니다. 읽어 주는 것은, 읽을 줄 모르는 사람들을 위해서 대신 읽을 때만 그렇게 표현합니다.

"제가 읽겠습니다(봉독하겠습니다)."

이래야 합니다. 절대로 다음과 같이 해서는 안 됩니다.

"제가 읽어 드리겠습니다."
"제가 봉독해 드리겠습니다."

이런 표현이 맞다면, 설교하는 목사님이 "제가 설교해 드리겠습니다"로, 특송하는 사람이 "제가 찬송 불러드리겠습니다"로 표현하는 것도 허용해야 합니다.

어쩌다 성경공부나 설교 시간에, 필요하면 교독하거나 합독할 수는 있겠습니다. 그런 때는 교독인지 합독인지 분명하게 밝혀야 혼선이 빚어지지 않습니다.

"교독하겠습니다(한 절씩 교독하겠습니다)."
"합독하겠습니다(다 같이 합독하겠습니다)."

그러므로 "성경 봉독해 주시겠습니다"라고 해서는 안 됩니다. "설교해 주시겠습니다", "찬양해 주겠습니다"라고 하지 않는 것과 마찬가지입니다.

16. 다 찾으신 줄 믿고

성경 봉독하는 사람이 흔히 하는 말입니다. 회중이 성경 본문을 모두 찾은 것으로 간주하고 봉독하겠다는 말입니다. '믿는다'는 말을 이런 데 쓰는 것은 좀 어색합니다.

"다 찾으신 것으로 알고"

이렇게 표현하면 됩니다. 아니, 제일 좋은 것은 이런 말을 하지 말고, 그 대신 다 찾았는지 한번 휙 둘러보아 확인하고 나서, 봉독하는 것입니다. 불필요한 말은 안 하는 게 좋습니다.

17. 시편 60장

시편만은 시 모음집이므로, "−장"이라 하지 않고 "−편"이라고 합니다. 그러므로 "시편 60편"이라고 표현해야 합니다.

18. 모든 찬송마다 '아멘'으로 끝

'아멘' 표시 있는 것민 아멘을 발화해야 맞습니다. 악보를 존중함으로써 작곡자의 창작 의도를 존중하자는 뜻도 있으려니와, 악보대로 해야만, 회중들이 호흡을 맞출 수도 있기 때문입니다. 어떤 이는 아멘 하고, 어떤 이는 하지 않고, 이러면 예배 분위기가 흐트러질 수 있습니다.

19. 저희 교회에서는

"우리 교회"라고 해야 좋습니다. 특히 우리끼리 말할 때는 항상 '우리'라고 해야 합니다. 형제간에 제 아버지를 지칭하면서 "저희 아버지"라고 말하지 않는 것처럼.

20. 룻기서 / 욥기서 / 잠언서 / 아가서

룻기, 욥기, 잠언, 아가 등으로 일컬어야 맞습니다. 전도서 및 서간문(편지문) 형식의 일부 신약 성경만 '서'자가 붙어 있습니다. 특히 신약의 서신서는 편지문학이기에 그걸 표시하기 위해 '서(書)'자가 들어가 있는 것입니다.

그런데 편지문학도 아닌 룻기, 욥기, 잠언, 아가 등에 '서'자를 넣으면 안 됩니다.

21. 예배 / 예식 / 기도회 / 경건회

이 셋은 구별해야 합니다. 예배만 예배라고 해야 합니다.

'결혼 예식'이라고 해야지 '혼인 예배'라고 하는 건 곤란합니다. 새벽기도회, 금요기도회 이래야 맞습니다. 돌, 회갑, 추도, 입학, 졸업, 입당, 임직, 교회설립 등 수많은 경우에 예배를 남발하는데, 어디까지나 이는 예식일 뿐입니다. 어떤 회의를 하기 전에 제1부행사로 찬송 부르고 기도하는 것은 예배가 아니라 경건회 정도로 표현하는 게 좋습니다.

22. 헌금 / 봉헌 / 바쳐진 예물을 위하여

'헌금'이라는 말은 '돈을 바친다' 또는 '바치는 돈'이라는 뜻인데, 우리가 예배에 하나님께 바치는 것은 '돈'만이 아니기 때문에 이 말은 성경적으로나 신학적으로 적절하지 않습니다.

우리는 예배에서 하나님께서 우리에게 베풀어 주신 십자가와 부활에서 절정을 이룬 모든 구속적 은총에 감사하여 우리의 몸과 마음 전체를 하나님께 바쳐야 합니다. 우리가 현실적으로 예배에서 소정의 '돈'을 바치는 것은 헌신하는 마음을 표현하는 상징적 행위들 가운데 하나일 뿐입니다. 따라서 예배에 있어서 이 순서에 대한 지칭은 '봉헌'이라는 말이 더 적절한 것으로 보입니다. 어떤 사람은 '봉헌'이라는 말 속에 목적물이 들어있지 않으므로 '예물 봉헌'이라고 구체적으로 명기해야 한다고 주장하지만, 우리가 예배에서 드리는 것은 재물뿐만이 아니라 몸과 마음까지도 모두 포함되기 때문에 '예물'이라고 그 대상을 한정할 필요는 없습니다.

그러므로 '봉헌'이라는 말은 하나님의 은총 앞에 성도들이 바치는 응답적 행위의 총칭입니다. 따라서 헌금보다 봉헌이 더 포괄적입니다. 헌상(獻上)이라는 표현도 봉헌만큼이나 좋은 말입니다. 따라서 헌금위원보다는 봉헌위원이란 표현이 좋습니다.

아울러 한 가지 더 생각해 볼 게 있습니다. "바쳐진 예물을 위해 기도하시겠습니다"라는 표현이 그것입니다. 이런 표현은 물질에 중요성을 부여하는 것이면서, 자칫 기복적인 방향으로 오도할 수 있습니다. 복을 받기 위해 물질을 바치고, 그 물질을 바친 사람에게 복을 주시라고 요청하는 것 같은 느낌이 강하기 때문입니다. 앞에서 말한 대로, 봉헌은 물질만이 아니라 우리의 존재 전체를 드리는 것이며, 무슨 보상을 받으려고 드리는 게 아니라, 감사하여 바치는 것입니다. 기도에서, 봉헌한 물질이 영적인 일과 이웃을 돕고 하나님 나라를 펴나가는 데 쓰이도록 간구할 필요는 있습니다.

23. 제사 / 제단 / 제물 / 성전

구약시대 고유의 용어들을 신약시대에 그대로 쓰는 것은 곤란합니다.

우리는 더 이상 짐승을 잡아 바치는 제사를 드리지 않습니다. 예수님이 대신 돌아가심으로 영원히 해방되었기 때문입니다. 마찬가지로, 우리에게는 제단도 필요 없습니다. 제물도 필요 없습니다. 예수께서 단번에 구속해 주셨기 때문입니다.

성전도 그렇습니다. 엄밀한 의미에서 성전은 예루살렘 성전 한 군데만 있었습니다. 다른 곳에 있는 것은 모두 회당 즉 시나고그(Synagogue)였습니다. 성전에서만 제사를 드렸습니다. 유대교 회당인 '시나고그(Synagogue)'는 그리스어로 '만남의 장소(a place of meeting)'란 뜻을 가진 히브리어 'Bet Hakeneset'의 번역어입니다. 회당의 시초는 BC 586년 예루살렘이 무너지고 유대인들이 포로로 잡혀

간 이후에 생겨난 것으로 추정됩니다. 유대인이 있는 곳이면 어디에든지 세워지기 시작한 이런 회당(會堂)은 유대교의 대표적 집회장소로서 지금도 전세계 어디에든지 유대인이 있는 곳이면 회당은 반드시 있습니다. 시나고그에서는 예배의식, 각종 집회, 교육훈련 등이 이루어지며 유대인의 종교뿐만이 아니라 행정, 교육 그리고 사교의 중심지라 할 수 있습니다.

신약에서의 교회는 성전과는 개념이 다릅니다. 복수의 교회당 건물은 어쩌면 회당의 전통과 더 가깝습니다. 그런데도 자꾸만 교회당을 성전으로 명명함으로써 교인들로 하여금 잘못된 인식을 가지게 합니다.

성전 건축이니 제1성전이니 이러는 것은 재고해야 합니다. 신약에서의 성전이나 교회는 건물 이전에 우리 각자라는 것을 잘 알면서 그렇게 신학교에서 배웠으면서도 시치미 뚝 떼고 교회를 건물로 여기게 하고 교회를 성전이라 하여 은연중 종교인으로 안주하게 만듭니다.

신약에서 구약 용어를 쓰는 경우가 있지만, '산 제사(롬 12:1)', '찬송의 제사(히 13:15-16)'처럼 비유적으로, 또는 복음으로 재해석, 재문맥화하여 사용하는 것이지 지금 우리가 쓰는 것처럼 하지 않고 있다는 사실을 유념해야 합니다.

24. 0시예배 / 자정예배 / 송구영신예배

한 해를 보내고 새해를 맞이하면서 드리는 예배가 있습니다. 이를 0시예배, 자정예배 이렇게 부르기도 합니다만 송구영신예배가 가장 좋습니다.

새해를 맞아 1년에 한 번 드리는 예배라는 의미를 잘 드러내는 표현은 송구영신예배이기 때문입니다.

0시예배나 자정예배는 그렇지 못합니다. 어느 때고 0시에 드리면 0시예배, 자정예배가 될 수 있기 때문이지요.

25. 태신자

나태해진 신자는 태(怠)신자, 전도 대상자로서 내 마음에 늘 품고 기도하는 대상자는 태(胎)신자라고들 합니다. 하지만 이 태신자(胎信者)란 표현은 전혀 성경적이지 않습니다.

신자는 '믿는 자'입니다. 아직 믿지 아니하는 사람, 전도의 대상자를 가리켜 태(胎)신자라 칭하는 것은 언어도단입니다. 태중에 있는 아기는 이미 사람이지만, 소위 '태신자'라 하는 사람은 '신자'가 아닙니다. 아기는 출산 전이라도, 잉태되는 순간부터 이미 사람이기에 '태아'라고 부르지만, 신자는 믿는 순간부터 비로소 신자가 되기 때문에, 믿기도 전에 '태신자'라 부를 수 없습니다. 그는 여전히 불신자입니다.

이렇게 어려운 말, 또는 의미를 혼동하거나 이치에 맞지 않는 말을 굳이 쓸 필요가 있을까요? 후자는 전도 대상자, 이렇게 표현하는 것이 좋겠습니다.

26. 할렐루야

이 말은 '하나님을 찬양하라!' 이런 뜻의 명령형이자 청유형입니다. 한국 교회에서는 이 말을 남용하고 있습니다. 아무한테나 할렐루야, 이러기 때문이지요.

예컨대 나이든 분에게 이렇게 말하는 것은 한국어법으로는 건방집니다. 하나님을 찬양하라! 이렇게 명령하거나 '찬양합시다!'라고 하는 셈이기 때문이지요. 특히 이 말을 인사말로 쓰고 있는데 곤란합니다. 좋은 우리 인사말 놔 두고 할렐루야를 쓰는 것은 문제입니다.

"안녕하세요?"
"반갑습니다."
"평안하십시오."

이렇게, 경우에 따라 얼마든지 다정한 우리말이 있습니다. 할렐루야의 남발 현상, 한번 생각해 볼 필요가 있습니다.

27. 교회 창립

교회 창립인지 교회 설립인지, 궁금할 수 있습니다.

초기 교회 시기에 세워진 첫 교회의 시작은 창립이 맞지만 그 이후의 모든 교회는 창립이 아니라 설립일 뿐입니다.

28. 제사장

목회자를 제사장으로 표현하기도 합니다만, 자칫 신약 시대의 종교인 기독교의 특징을 희석하거나 왜곡할 염려가 있습니다. 더 이상 제사가 필요없는 시대에 구약의 용어를 그대로 쓰는 것은 좋지 않습니다.

　"목사, 목자, 목회자, 사역자"
　등등, 이렇게 표현하는 게 좋습니다.

29. 기도로 폐회합니다

기도로 폐회합니다
　예배를 마치면서 '폐회'라는 말을 쓰는 건 부자연스럽습니다. 예배는 회의가 아니기 때문입니다. 하나님께 드리는 행위입니다.

　"기도로 예배를 마칩니다."
　"기도로 기도회를 마칩니다.'"

이렇게 표현하는 게 좋습니다. 아울러 예배를 시작하면서 "개회"라는 표현하는 것도 좋은 것은 아닙니다. "개회 기도"라고 표현하는 경우가 있는데, "(예배) 시작 기도"가 더 좋습니다.

30. 종님

　기도하면서, 목회자를 지칭해 '종님'이라고 표현하곤 하는데 어색합니다. 우선 '종'에다 '님'이란 접미사를 붙인다는 것은 아무래도 우습습니다. 마치 '노예님', '하인님', '상놈님'이라고 말하는 것이나 마찬가지니까요.

　목회자 스스로가 주님 앞에서 자신을 낮추어 '종', '주의 종'이라고 할 수는 있지만, 일반 신자가 목회자를 '종'이나 '종님'이라고 말한다는 것은 어색합니다.

31. 축도 : "성부 성자 성령의 은혜가 계시옵기를"

　예배 순서 중의 끝 순서는 목사님의 축도입니다. 성부, 성자, 성령 하나님의 은혜가 영원히 함께하게 해달라는 내용으로 거의 정형화되어 있습니다. 물론 청중에 따라 약간의 변형은 있을 수 있으나 삼위 하나님의 은혜와 사랑과 감동케 하시는 역사가 늘 함께하기를 비는 중심내용만은 변하지 않는 요소입니다.

　그런데 그 축도 중에서 우리말 어법에 비추어 부자연스런 표현이 가끔 있어서 지적하지 않을 수 없습니다.

　　"----은혜가 영원히 함께 계시옵기를 축원하옵나이다."

　"계시옵기를"이라는 표현은 부적절합니다. "계시다"의 주어가 하나님이라면 맞는 표현이지만, "은혜"가 주어이기 때문에, "계시다"라고 높일 수는 없습니다. 이렇게 고쳐야 자연스럽습니다.

"----은혜가 영원히 함께하기를 축원하옵나이다."

이 문제는, 우리가 일상어에서 "아무개 님의 축하 말씀이 계시겠습니다"라고 하는 표현이 적절치 않은 것과 마찬가지입니다. "아무개 님의 축하 말씀이 있겠습니다"라고 하든지 "아무개 님이 축하의 말씀을 해주시겠습니다"라고 해야 맞습니다.

"이 민족 위에"

왕왕 이렇게 민족 전체로까지 축복의 대상을 확대해 축도하는 경우가 있는데, 축도는 예배 참석자만을 대상으로 해야 합니다.

"복이 계실지어다."

이런 표현도 부적절합니다.

"복이 있을지어다."

이렇게 표현해야 우리 어법에 맞습니다.

32. 설교 말씀이 계시겠습니다

우리말에서, "계시겠습니다"라는 서술어의 주어는 인격체입니다. 사람이나 신만 주어가 될 수 있습니다. "말씀"이 주어가 될 수는 없습니다.

"설교 말씀이 이어지겠습니다."
"설교 말씀이 있겠습니다."

이렇게 표현해야 합니다.

33. 찬송가 부르심으로 시작하겠습니다

어느 교회 여선교회에서 교회용어 문제로 특강을 부탁해서 갔더니, 진행하는 분이 "찬송가 부르심으로 시작하겠습니다" 이렇게 말합니다.
찬송가는 찬송을 모아놓은 책을 일컫는 말입니다.

"찬송가 제 몇 장을 부르시겠습니다."

이렇게 해야 맞습니다. 찬송 부르는 게 시작을 알리는 신호처럼 여겨서는 안 됩니다.

34. 성가대의 찬양을 듣는 시간입니다

찬양은 누가 하든 하나님께 드리는 봉헌 행위입니다. 회중 들으라고 하는 게 아닙니다. 음악의 달란트를 지닌 사람들로 조직하여 준비한 찬양대가 우리를 대표해서 하나님께 노래를 드리는 순서가 찬양 시간입니다.

그러니 '찬양을 듣는'이란 표현은 조심해야 합니다. '찬양을 올려드리는 시간'으로 표현해야 합니다.

35. 속회(구역)예배 인도를 어떻게 할까?

첫 모임에서는 설교내용을 요약해 보는 것이 좋은 연습이 될 것입니다. 전체를 한 사람이 요약할 수도 있겠지만 한 대목씩 나누어 요약해서 자기 말로 표현하는 게 좋습니다(목사님의 설교는 대개 3~4개의 소항목으로 구성되어 있으니 진행하기 좋음). 그런데 이도 부담스러워해 말할 사람이 없는 경우도 있으니, 인도자가 처음부터 끝까지 다 읽어 오고 나머지 사람들은 설교에서 중요하다고 생각하는 부분에 밑줄을 그어 와서 그것만 발표하는 식으로 진행해도 좋습니다. 이렇게 요약이 끝나면 소감(설교를 듣고 읽으면서 가진 감동, 떠오른 생각, 관련 간증 등)을 나누는데, 한 사람이 하면 지루하기 쉬우므로 이것도 대목별로 나눠서 이야기하는 게 좋습니다. 단 이 때도 언변 좋은 사람이 시간을 독점하지 않게 시간 배분을 적절히 해야 합니다. 진행의 두 가지 유형과 인도자가 유념해야 할 사항을 적어보면 다음과 같습니다.

(1) 진행방식 두 가지

제1유형 : 인도자가 주도하지 않고, 참석자 모두에게 발언할 기회를 줍니다. 각 대목에 대해서 요약해서 이야기한 후, 그 내용에 대해 자유롭게 하고 싶은 말들을 나누는 방식, 더러 진행자가 핵심과 관련된 질문을 만들어 가지고 있다가 물을 수 있습니다. 자연스러운 대화를 유도하기 위해 실생활과 관련된 질문을 주로 하는 게 좋습니다. 이 방법은 참석자들이 서로 잘 모르거나 소극적인 성격을 가진 사람이 많을 때 효과적입니다.

제2유형 : 인도자가 주도하는 방식으로서 인도자가 설교의 전체 주제와 주된 흐름, 강조점 등을 다시 짚어주면서 진행합니다. 각 항목별로 간단히 내용을 요약하고 중간중간 느낀 점이나 설교내용과 관련된 고민에 대한 질문을 던짐으로써 회원들의 생각을 이끌어 냅니다. 회원들이 말하지 않으면, 인도자가 자기 자신의 느낌과 생각을 미리 준비한 대로 소개합니다. 혼자 하든 회원의 참여가 있든, 설교내용과 우리 삶의 문제가 연결되도록 하는 게 중요합니다.

(2) 인도자가 유념해야 할 점들

1) 남의 어려움에 동참하고 이해하려는 마음으로 자신의 경험을 먼저 나눌 때 참석자들이 마음을 여는 법입니다. 진행하는 능력보다 이해심이 먼저라는 점을 유념해야 합니다.

2) 인도자는 무엇보다 모임에서 나눌 설교의 전체 윤곽을 머리 속에 담아놓기 위해 노력해야 합니다. 모임 진행시 간혹 곁길로 빠

지게 되는 대화 내용을 본문의 내용과 연관시켜 다시 제자리로
돌아오게 하려면 책의 윤곽을 알고 있어야 합니다.

3) 인도자는 자신의 박식함을 과시하고 싶은 유혹을 참아야 합니
다. 회원들이 거리감을 느껴 말하기 힘들어 하기 때문입니다. 회
원이 발언할 때 경청하는 본을 보이기, 어떤 말에 대해서도 판단
하지 않기, 잘못된 정보를 가진 사람이 있으면 수용적인 태도로
알려주기, 말하기 어려워하는 사람을 격려해 주기 등이 진행자
가 할 일입니다.

36. 어린이예배 진행 모범 예문

어린이예배를 진행하면서, 사회를 진행하는 이들이 공유해야 할 모
범 예문을 만들어야 할 필요를 느꼈습니다. 사회자의 지적이고 영적
인 성장은 물론 적절한 표현을 해야 어린이들에게 교육적으로도 유익
하다는 판단이 들었기 때문입니다. 우리 교회 어린이예배 순서를 기
준으로 한번 만들어 보았습니다. 어른들 예배에도 응용 가능하리라
봅니다.

예배시작 : "예배를 시작합니다. 다 같이 묵상기도하시겠습니다."
찬송 :   "다함께 찬미예수(혹은 어린이찬송) ○○○장을 부르시
           겠습니다."
신앙고백 : "이제 사도신경으로 우리의 신앙을 고백하겠습니다."
기도 :   "이 시간 우리를 대표해서 ○○○ 선생님께서 기도 인도

하시겠습니다. 이 기도가 끝난 뒤에 다니엘 성가대의 찬양이 있겠습니다."

찬양 :   (다니엘 성가대의 찬양)

설교 :   "이제 ○○○님께서 성경말씀을 읽어주시고 '○○○○○'
            라는 제목으로 설교하시겠습니다."

봉헌/장기자랑(은사 나누기) : "이제 찬미예수 46장을 부르시면서
            하나님께 봉헌하시겠습니다." 특별히 이 시간에는 ○○
            ○어린이가 하나님께서 주신 재주와 은사를 하나님께
            드리는 장기자랑을 하겠습니다. 우리 박수로 환영합시
            다."

봉헌기도 : 이제 ○○○님이 봉헌기도를 드리겠습니다. 봉헌기도 마
            친 후에 부장 선생님 나오셔서 광고하시겠습니다.

주기도문 : "이제 다 같이 주님 가르쳐 주신 기도를 하심으로 예배
            를 마치겠습니다. 너희는 이렇게 기도하라."

예배마침 : (반주)

37. 어른예배 진행 모범 예문

예배 전 찬송 : 예배 전 찬송 하시겠습니다.

예배 시작 : 다 같이 조용히 기도하심으로 예배를 드리겠습니다.
            (신령과 진정으로 예배합시다.) (예배에의 부름 관련 성
            경구절 낭송)

찬송 :   찬송가 ○○장을 부르시겠습니다.

기도 :   아무개가 기도 인도하시겠습니다.

성경봉독 :	이 시간 읽을 성경말씀은 어디 몇 장 몇 절에서 몇 절까
	지입니다. 제가 읽겠습니다. (한 절씩 교독하시겠습니
	다.) (함께 읽으시겠습니다-합독하시겠습니다-)
특송 :	○○ 지역 교우들의 특송이 있겠습니다.
설교 :	담임목사님께서 '○○○○'라는 제목으로 설교하시겠습
	니다.
축도 :	(설교 후 목사님이 직접 축도하고 폐회하므로 인도자
	는 따로 말할 필요 없음. 만약 인도자가 해야 할 경우에
	는 "목사님의 축도로 예배 마치겠습니다."

II.

기도 용어

1. (마이크 훅 불면서) 아, 아, 아, 다 같이 기도하시겠습니다

미리 와서 마이크 상태를 점검해야 합니다. 그렇지 않았다 해도 살짝 두드려도 마이크 상태를 점검할 수 있습니다. 훅 훅 부는 것은 점잖지 못합니다. 아울러, 이미 예배 인도자가 "아무개가 기도 인도하시겠습니다." 이렇게 소개했고, 주보에도 나와 있으므로 "다 같이 기도하시겠습니다" 이 말은 전혀 불필요한 말입니다. 가뜩이나 시간을 아껴야 하는 공중예배에서 그렇게 한가하게 불필요한 말, 잡어를 섞어서는 안 됩니다. 그냥 나와, 인도자가 소개할 때 걸어나와서, 소개가 끝나자마자 바로 기도를 시작해야 합니다.

어떤 이는 기도시간에 눈을 떠서 청중을 휘 둘러보면서 기도하기도 하는데 부자연스럽습니다. 기도는 눈 뜨고 할 수도 있는 것이지만 우리 문화에서 이미 눈 감고 기도하는 것으로 굳어 있으므로 그것에 따르는 게 좋습니다. 그렇지 않으면 새 신자가 볼 때 본도 안 되고 기이하게 비쳐질 일입니다.

2. 사랑하시는 하나님

'저희를 사랑하시는 하나님'이라고 해야 맞습니다.

만약에 '저희가 사랑하는 하나님'이라는 의미로 이 말을 했다면 '사랑하옵는 하나님'이라고 해야 옳습니다. 우리말 존대법상 내가 하는 행위를 높일 수는 없기 때문입니다.

3. 감사하신 하나님

이 말도 앞의 '사랑하시는 하나님'과 마찬가지로 존대법의 원칙에 어긋난 표현입니다. '감사하옵는 하나님'이라고 해야 자연스러운 표현입니다.

4. 당신의 크신 능력으로

하나님께 기도하면서 '당신'이라고 부르는 것은 잘못입니다. 우리 말에서 '당신'이란 말은 다음 두 가지 경우에 사용됩니다.

하나는 2인칭 대명사로서, 자기와 동등하거나 그 이하의 위치에 있는 사람을 가리키는 말로 사용됩니다. 예컨대 운전자끼리 "당신 잘못이 아니고 내 잘못이오"라고 말한다거나, 남편이 아내 보고 "당신은 언제 보아도 아름다워요"라고 하는 경우가 이에 해당합니다. 두번째 경우는 3인칭 극존칭대명사로서, 자기보다 높은 위치에 있는 분을 (그분이 안 계신 자리에서) 아주 높여서 지칭하는 말로 사용됩니다. 예컨대 남매가 모여서 돌아가신 아버지에 대해서 이야기하면서 "당신의 소원은 남북통일이 되어 고향에 돌아가는 것이었지"라고 하는 경우입니다. 우리가 기도하면서 하나님을 '당신'이라고 부르는 것은 이 두번째 경우를 잘못 적용한 것이라고 하겠습니다.

기도 아닌 다른 상황에서 우리 신도간에 "당신의 영광을 이루어 드리기 위해 우린 살아야 해"라고 한다면 무방하지만, 지금 예배에 임하셔서 내 기도를 들어주고 계시는 하나님께 '당신'이라고 하는 것은 불

경스럽기 짝이 없는 표현이 아닐 수 없습니다. 그것은 2인칭 대명사
로서의 '당신'이 되기 때문입니다.

5. 거룩한 성일 / 안식일

성일(聖日)이란 말 자체가 '거룩한 날'(거룩할 성, 날 일)이란 뜻을
지니고 있습니다.

그러니 '거룩한 성일'이라고 하게 되면 '거룩한 거룩한 날'이 돼서
의미가 중첩됩니다. 그냥 '성일'이라고 하든지 '거룩한 날'이라고 해야
하겠습니다.

6. 하나님께 기도하면서 사람을 높이는 말을 쓰기

우리말 어법에서는 듣는 사람이 최상위자일 경우 다른 어떤 인물에
게도 존대어를 쓰지 않습니다. 이른바 압존법이 그것입니다. 더 높은
분 앞에서는 낮추어 표현합니다. 예컨대 "아버지, 큰형님이 오셨어요"
라고 하는 것은 옳지 않습니다. 왜냐하면 이 말을 듣는 '아버지'는 나
의 '큰형'보다 더 격이 높은 분이기에 그렇습니다. "아버님, 큰형이 왔
습니다"라고 말하는 게 옳습니다.

이 원리를 적용하면 우리가 기도할 때, 기도를 들으시는 분이신 하
나님이 최상위자이시므로 다른 어떤 사람도 높일 수 없습니다. 그러
므로 기도할 때, '우리 성도님들이' 또는 '우리 목사님께서'라고 말하

는 것은 옳지 않습니다. '저희 교우들', '우리 목자(우리 사역자, 목회자)' 등으로 표현하는 게 좋습니다.

7. 지금은 예배를 시작하는 시간이오니

대표기도하는 사람이 흔히 기도 마무리 단계에서 이렇게 말하곤 합니다. 예배는 이미 묵도(묵상기도)를 비롯해 이미 시작된 지 한참 지났는데도 이렇게 말하는 것입니다.

그렇다면 그 앞에서 진행한 찬양이니 기원이니 교독문 낭독이니 신앙고백 등의 순서는 예배 순서가 아니고 무엇이란 말인가요? 준비운동이었단 말일까요? 그러니 '지금은 예배 시작시간이오니'란 말은 절대로 해서는 안되겠습니다.

8. 주님의 이름으로 기도드렸습니다

'예수님의 이름으로 기도합니다'가 옳습니다. 주님이란 표현은 원칙상 삼위일체 하나님을 의미하는 말이기도 하기 때문에 조심해서 써야 합니다. 특히 기도할 때 하나님 대신 주님이라고 부르면서 시작했다면 끝낼 때는 절대로 '주님의 이름으로 기도합니다'라고 해서는 안됩니다. 왜냐하면 주님께 주님의 이름으로 기도하는 셈이 되어 아주 이상스러워지기 때문입니다.

'기도드렸습니다'란 표현도 문제가 있습니다. 논리적으로 볼 때 기도를 끝내는 시점에서 1초라도 이전에 발설된 말은 모두 과거형이 되기는 합니다. 기도는 예배 중에 하는 것이며, 예배는 시작하여 마치는 순간까지, 모두 현존하시는 하나님 앞에서 행하는 인간의 현재적 행위입니다. 그렇기 때문에 종결형 어미를 사용하는 것은 옳지 않으며 오히려 '기도합니다'와 같은 현재형 어미를 쓰는 게 적절합니다. "기도드립니다" 또는 "기도합니다"로 해야 자연스럽습니다. 영어 기도에서도 현재 시제로 표현합니다. "in Jejus name we pray."

9. 개회기도(기원)를 대표기도처럼 해서야

교단 연회에 참석했습니다. 연회는 목사와 장로만 참석하는 모임인데, 폐회예배는 어느 목사님의 은퇴찬하예배를 겸하여 드렸습니다.

사회를 진행하는 목사님이 묵도 말미에서 개회기도(기원)를 드렸습니다. 그런데, 그날 은퇴하는 분을 위해 상당히 길고도 간절하게 기도를 드리는 것이었습니다. 그간의 노고를 위로해 주시라고, 또 앞으로 강건하게 해달라는 등의 내용이었습니다.

묵상기도가 끝난 후 찬송 한 장 부른 후 〈대표기도〉 시간이 되었습니다. 그러자 대표기도를 맡은 분이 나와서 이렇게 말하는 것이었습니다.

"제가 드릴 기도는 이미 사회자께서 다 하셨으므로, 나는 특송이나 하겠습니다."

이러면서 찬송을 불렀습니다. 세상에! 목사님들마저 〈개회기도(기원)〉와 〈대표기도〉의 성격을 혼동하여 이런 일이 빚어지다니 안타까운 일입니다.

개회기도(기원)는 대표기도가 아닙니다. 하나님을 찬양하며 그 은혜에 감사함을 표현한다든지, 그 예배에 하나님이 임재하셔서 기쁘게 받아주시기를 혹은 회중에게 하나님의 은총이 내리기를 아주 포괄적으로 간략하게 아뢰면 됩니다. 그런 내용을 담은 시편의 한 대목을 읽는 것으로 대신하기도 합니다.

10. 하나님 아버지시여 / 주여

우리말 존대법에서는 2인칭에는 호격조사를 붙이지 않는 게 원칙입니다. 다시 말해서 손윗 분이 앞에 있을 경우, 그분에게 '선생님이시여', '아버지시여'라고 하지 않습니다. 그냥 '선생님', '아버지'라고 부릅니다.

마찬가지로 우리가 기도할 때도 그냥 '주님' '하나님' 하면 될 일입니다. '하나님이시여'보다 얼마나 더 친근하고 부드럽습니까?

11. 전하는 자나 듣는 자가 피차에 은혜 받게

목사님이 설교 전에 이렇게 기도하는 것은 자연스럽습니다. 겸손한 마음이 느껴져서 좋습니다.

하지만 평신도가 이렇게 기도하는 것은 부적절하다고 생각합니다. 설교자에 대한 예의가 아니라고 여겨지기 때문입니다.

12. 예배를 돕는 성가대

대표기도에서 종종 "예배를 돕는 성가대"라는 표현을 쓰곤 합니다. 그러나 이는 잘못된 표현입니다.

예배를 돕는 행위는, 안내한다든지, 주보를 나눠준다든지, 주차 관리를 한다든지, 영상실에서 일하는 따위, 그야말로 예배 순서에는 들어가지 않으면서, 예배가 순조롭게 이뤄지도록 돕는 행위들을 일컫습니다. 하지만 성가대는 찬양의 직무를 독특하게(표나게) 담당하기 위해서 조직되어 그 일을 하기에, 예배를 돕는 기관이 아닙니다. 담임 교역자가 설교를 담당하듯, 엄연히 예배의 독립적인 순서 하나를 담당하는 기관입니다.

그런데도 성가대를 "예배를 돕는 성가대"라고 표현한다면, 암암리에, 마치 성가대가 교인들의 예배 분위기가 좀더 폼나게 하기 위해 봉사하는 부수적이고 종속적인 기관으로 격하하는 셈입니다. 그러니 이 말은 고쳐서 표현해야 합니다.

아울러, 성가대보다는 찬양대가 좋습니다. 성가는 일본식 표현에서 온 말이기 때문입니다.

13. 예배 시종일관을 주관해 주시길 바랍니다

대표기도를 듣다 보면 부자연스런 표현들이 왕왕 들립니다. 기도 말미의 다음과 같은 표현이 그 한 예입니다.

"예배 시종일관을 주관해 주시옵길 바라옵니다."

"예배 시종을 주님께서 주관해 주실 것을 믿으며 예수님 이름으로
기도합니다."

하나님은 우리가 드리는 예배를 받으시는 분이시지, 예배를 주관하
시는 분은 아닙니다. 예배를 주관하는 이는 하나님이 아니라 우리들
입니다. 사회자와 설교자와 대표기도자와 성가대와 안내위원과 헌금
위원과 기술팀과 찬양대 등등 우리 모두가 그 예배가 신령과 진리로
드려지도록 잘 주관해야 할 책임이 있다고 봅니다.

이 의견이 납득되지 않으면, 국어사전에서 '주관(主管)'의 낱말풀이
를 보시기 바랍니다. "책임지고 맡아봄. 주장하여 관리함"이라고 되어
있습니다. 지금 우리가 일상생활에서 주관이란 말을 어떻게 쓰는지
구체적으로 생각해 보아도 자명합니다.

가령, 대통령의 생일을 축하하기 위해 무슨 조찬기도회를 열었다고
할 때, 그때 그 행사의 주체를 표시할 때 다음과 같이 합니다.

주관(주최) : 모모단체
협찬: 모모단체

대통령은 그 기쁨을 누리고 영예를 누리기만 하지, 그 대통령이 행
사의 주관자가 되어, 경비를 조달하거나 진행하는 일은 하지 않습니
다. 그 일들은 아랫사람들이 하는 것입니다.

마찬가집니다. 하나님더러 예배를 책임지고 관리하시라니, 좀 불경
스럽고 미안하기 짝이 없는 표현입니다.

그러니 이렇게 해야 합니다.

"하나님 이 예배가 시종일관 신령과 진리 가운데 드려지도록 저희를 붙들어 도와주시옵소서. 그리하여 이 예배를 통해 하나님만 맘껏 영광 받으시옵소서."

"예배의 시종일관을 맡깁니다."
이런 표현도 종종 하는데, 귀에 거슬립니다. 이 말은 문제가 있습니다. 잘못된 말입니다. 왜냐하면 '시종일관'이란 말은 이렇게 쓰는 말이 아닙니다.

"그 사람은 침묵으로 시종일관하였다."
이렇게 쓰면 맞습니다. 시종일관 자체가 동사입니다. 처음부터 끝까지 하나같이 어떤 일을 한다는 말입니다.
그러니 예배때 굳이 이 말을 쓰려면 다음과 같이 써야 합니다.

"이 예배에서 저희들 오직 신령과 진정으로 시종일관하게 도와주시옵소서."

14. 예수 / 예수님 / 성령 / 성령님

우리말의 특징 가운데 하나가 존대법이 발달되어 있는 점입니다. 높은 분을 부를 때는 이름이나 호칭 뒤에 '님'자를 붙입니다.

그런데 '예수님'이라고 해야 할 자리인데도 '예수', '성령님'이라고 해야 하는데 '성령'으로 표현하는 경우가 많아 안타깝습니다. 특히 찬송가 가사에 그런 게 많습니다. "예수 나를 위하여 십자가를 질 때", "성령 받으라 성령 받으라" 등등의 표현이 그것입니다. 전혀 존대하는 느낌이 없어 송구스러울 정도입니다. '성령' 같은 표현은 우리로 하여금, 성령을 인격적인 존재라기보다는 무슨 물건 같은 걸로 오인하게 할 가능성도 있습니다.

15. 사도신경을 눈 감고 하기

사도신경은 신앙고백문입니다. 이는 원래 문답 형식이었습니다. 세례를 받는 사람을 앞에 두고 그 신앙을 확인하는 순서에 들어있었습니다. 그러기에 외국의 교회에서는 눈을 뜬 채 외거나 읽습니다.

우리나라에서 눈을 감고 신앙고백하는 것은 19세기 말 우리나라에 복음을 전한 청교도 계통 선교사들이 그렇게 훈련을 시킨 결과입니다. 이 전통도 그런 대로 의미가 있으니 무시할 건 아니지만, 반드시 눈을 감이야만 하는 섯으로 생각해서도 안 될 것입니다.

16. 미처 간구하지 못한 것까지

"미처 간구하지(아뢰지) 못한 것까지 다 이루어 주옵소서."

기도 마무리에서 이따금 하는 말입니다. 여러 가지 제목을 들어 기도했지만, 미처 언급하지 못한 것도 있으니 하나님께서 그것까지 들어주시라는 요청입니다.

그리 바람직하지 않은 표현입니다. 군더더기에 불과하기 때문입니다. 대표 기도할 때는 주어진 시간 안에서, 더 긴급한 것만 골라 구체적으로 아뢰면 됩니다. 아뢰지 않은 것까지 다 이루어 달라니, 얼마나 막연한 말입니까! 물론 좋으신 하나님은 우리가 아뢰기 전에 이미 우리에게 있어야 할 게 무엇인지 알고 계시는 분이지만.

17. 이 모든 말씀 예수님 이름으로 기도합니다

"이 모든 말씀, 예수님 이름으로 기도합니다."

아주 짧은 기도를 드리면서도 늘 이렇게 마무리하는 분들이 있습니다. 비공식예배 자리에서 감사와 간구를 포함해서 모두 두서너 가지에 불과한 기도를 드리고 나서, "이 모든 말씀"이라고 하면 참 어색하다는 느낌이 들곤 합니다. .

III.

설교 관련 용어

(이하 성경을 언급할 때는 개정 개역판을 중심으로 함)

1. 목사가 자기를 '○○○ 목사', 아내를 '사모'라고

자기 스스로를 '이○○ 목사', '김○○ 장로(권사, 집사)'라고 말하는 분이 의외로 많습니다. 이분들은 다른 사람에게 자기를 소개할 때에도 '이○○ 목사입니다' 또는 '김○○ 장로(권사, 집사)입니다'라고 한다. 이것은 적절한 표현이 아닙니다.

남을 높일 때는 그것이 예의이지만, 자기 자신을 말할 때에 직명을 뒤에 쓰면 자기 스스로를 높이는 것이 되어 실례입니다. 따라서 남에게 자기를 말할 경우 직명을 밝힐 필요가 있을 때에는 '장로(권사, 집사) 김○○', '목사(전도사) 이○○'라고 해야 자기를 낮추는 겸손한 표현이 됩니다. 상대방이 나의 직분을 알 경우에는 직명을 생략하고 이름만 말해도 됩니다. 이를 지키지 않으면 겸손을 모르는 교만한 사람으로 인식되기 쉽습니다.

'사모(師母)'는 스승의 부인을 가리키는 말입니다. 우러러 존경하는 스승을 아버지에 비겨 '사부(師父)'라 하고, 스승의 부인을 어머니에 비겨 '사모'라고 합니다. 그래서 기독교인들은 목사나 전도사의 부인을 '사모님'이라고 부릅니다. 목사나 전도사는 신앙적으로 스승 격이니 나이의 많고 적음에 관계없이 존경의 대상이므로 그 분의 부인을 '사모님'이라고 부르는 것은 적절합니다. 그런데 언제부터인가 '사모'란 말이 '목사의 아내를 가리키는 말'이라도 된 양 잘못 쓰이고 있습니다. 그래서 목사가 다른 사람에게 자기 아내를 소개하면서 '제 사모입니다.'란 말을 예사로 쓰고 있습니다. 이는 부적절한 표현이므로, '제 처(아내, 내자, 안식구)입니다'로 고쳐 쓰는 게 좋습니다.

2. '할렐루야'와 '아멘'은 필요한 때에만 써야

할렐루야(Hallellujah)의 'Hallellu'는 '찬미하다'의 명령형이고, 'jah'
는 '야훼(yahweh)'의 준말로 '여호와'를 의미합니다(Hebrew and
English Lexion of the Old Testament; Oxford).

그렇기 때문에 '할렐루야'는 '여호와를 찬양하라'의 뜻입니다. 시편
에서 많이 쓴 '할렐루야'는 문맥으로 보아 '여호와를 찬양하라'는 명
령형의 말입니다. 할렐루야는 하나님께 하는 찬양이며 인사이지, 사
람 사이에 하는 인사가 아닙니다. 그러므로 오랜만에 만난 교우끼리
의 인사말로 하는 '할렐루야'나, 새로 나온 교우를 소개하거나 강사
목사님을 소개할 때 쓰는 '할렐루야!'는 적절하지 않습니다. 굳이 이
스라엘말로 인사하려면 '샬롬' 하는 것이 좋을 것입니다. 따라서 인사
말로 하는 할렐루야는 '안녕하십니까', '반갑습니다', '환영합니다'로
바꿔 쓰는 것이 좋습니다.

설교하면서 방금 한 말을 강조하는 뜻에서 '할렐루야'라고 말하거
나, 그 내용을 확인하는 뜻에서 교우들에게 '할렐루야'로 화답하게 하
곤 합니다. '할렐루야'를 말한 내용을 강조하거나 확인하는 '구호(口
號)'처럼 쓰는 것 역시 적절한 표현이라 할 수 없습니다.

교회에서 회의하면서 출석을 확인할 때, '아멘' 하고 대답하는 사람
이 있습니다만 이것도 적절치 않습니다. 아멘(amen)은 '확실하다',
'확실히', '진실한', '진실', '참으로', '참으로 그렇게 되기 바랍니다.'의
뜻을 가진 이스라엘 말입니다. 〈표준국어대사전〉에는 '기도나 찬송
또는 설교 끝에 그 내용에 동의하거나 그것이 이루어지기를 바란다는
뜻으로 하는 말'이라고 적혀 있습니다. 그러므로 출석을 부를 때 '예'

대신 '아멘' 하거나, 설교 내용의 확인 또는 주의 집중 을 위해 '아멘' 하라고 하는 것은 적절하지 않습니다. 목사님이나 회중을 대표하는 분의 기도, 목사님께서 선포하시는 말씀이 감동적이면 교우들의 입에서는 저절로 '아멘' 소리가 흘러나올 것입니다.

3. 정확한 발음이 필요한 낱말들

발음을 정확하게 하지 않으면 의미 전달에 문제가 생기는 경우가 많습니다. 동음이의어들이 많아 의미를 혼동하거나, 시제를 제대로 파악하지 못하게 하기 때문입니다. 그 대표적인 사례들 몇 가지를 제시해 봅니다.

① 좇아 / 쫓아(좇다는 따르다, 쫓다는 추격하거나 배제한다는 뜻)
② 빚을 / 빗을(빚은 채무, 빗은 머리를 빗는 도구)
③ 낮 / 낯 / 낫
④ 맺은 / 맺는('맺은'은 과거완료형, '맺는'은 현재진행형)
⑤ 넣은 / 넣는
⑥ 잡은 / 잡는
⑦ 믿은 / 믿는
⑧ 잊고(망각) / 잃고(상실, 분실)
⑨ 나가다(出) / 나아가다(進)
⑩ 회개 / 회계

4. 요나가 고래 뱃속에

"큰 물고기", 성경에는 이렇게만 적혀 있습니다. 그런데 이를 자기 식으로 해석해, 고래로 한정하는 것은 무의식적인 성경 왜곡입니다.

5. '네 시작은 미약하였으나 네 나중은 심히 창대하리라(욥 8 : 7)(개정 개역판)'가 하나님 말씀인가

이 말은 하나님이 하신 말씀이 아닙니다. 욥의 친구인 빌닷의 말입니다. 고난받는 욥을 윽박지르면서, 죄 때문에 그런 것이니 회개하라면서 한 말입니다. 그런데도 많은 사람이 이를 하나님이 하신 말씀으로 오해하고 있습니다. 그런 오해 아래에서 설교도 하고 글도 쓰고 기도도 합니다. 가정에도 회사에도 이 구절을 걸어놓고 좋아합니다. 성경에 있는 말씀인 것은 분명하지만, 하나님이 직접 하신 말씀으로 이해하는 것은 잘못입니다.

6. 제사 / 제단 / 제물 / 성전

이들 용어는 모두 구약적인 용어입니다. 지금은 신약시대입니다. 아래와 같이 바꾸어 표현하는 게 좋습니다.

제사 → 예배

제단 → 강단

제물 → 헌금(예물)

성전 → 예배당(교회당)

7. 저희 교회에서는

우리 교회라고 해야 합니다. 특히 그 교회 구성원끼리 말할 때는 항상 '우리'라고 해야 우리말답습니다. 주님의 몸된 교회를 낮춰야 할 아무런 이유가 없습니다.

8. 메시아 / 엘리아 / 예레미아

"메시야, 엘리야, 예레미야"

이게 맞습니다. '야'가 히브리어로 '여호와'이기 때문입니다.

그런데 표준국어대사전에서 다음과 같이 '메시아'라 적고 '메시야'는 올리지 않고 있어 문제입니다. 표준발음 규정이나 원칙을 적용한 결과이겠지만 기독교로서는 아쉬운 대목입니다. 교회에서는 원형대로 써야 하리라 생각합니다.

메시아01(Messiah)

「명사」『기독교』

1. 구약 성경에서 초인간적 예지를 가지고 이스라엘을 통치하는 왕.
2. 신약 성경에서 '예수 그리스도'를 이르는 말.

9. 마가의 다락방

오순절 성령강림의 현장을 마가의 다락방으로들 말하곤 하는데 잘못입니다. 마가라 하는 요한의 어머니 마리아의 다락방, 이게 정확한 표현입니다.

사도행전 12장 12절에 다음과 같이 기록되어 있기 때문입니다.

"마가라 하는 요한의 어머니 마리아의 집에 가니 여러 사람이 거기에 모여 기도하고 있더라."

10. 제 부인(사모)입니다

부인은 다른 사람의 아내를 높여서 부르는 말입니다. 자신의 아내를 부인이라고 하면 안 됩니다. 사모는 스승의 부인을 높여서 일컫는 말입니다. 자기 아내를 사모라고 하면 망발입니다.

'집사람', '아내'라고 해야 합니다. 부모님이나 어른 앞에서는 '처'라고 하며, 부모나 조부모 앞에서는 '에미'라고 합니다. 이것이 우리 언어 예절입니다.

11. 흠정역(킹제임스버전)만이 과연 진짜 성경인가

흠정역 즉 제임스왕역은 1611년 번역된 것으로서, 당시로서는 좋은 번역이었고, 오랫동안 영어권 독자들의 사랑을 받은 성경입니다. 하지만 이 성경을 번역할 때에 대본으로 본 원어성경들이 완전한 사본은 아니어서, 후대 연구를 통해 사본의 발전이 이루어집니다.

학문의 발전에 따라서 제임스왕역에서 잘못 번역한 부분들도 후대의 학문적 발전을 통해서 확인이 되면서 개정된 번역 또는 새로운 번역들이 나왔습니다. 그런데도 세상에는 제임스왕역만을 하나님의 말씀으로 생각하는 사람들이 있어서 한국 장로교에서는 이들을 이단으로 규정한 적이 있습니다.

성경의 사본과 관련해서는 대한성서공회에서 발행한 ≪성경원문연구≫라는 학술지의 몇몇 논문들을 참고하면 좋습니다. 최근에 나온 권동우, ≪킹제임스성경 유일주의의 망상≫(CLC, 2016)에서 그 진실을 밝혀놓고 있습니다.

12. 본문 무시하는 설교

설교 중에서 가장 경계할 설교는 본문을 무시하는 설교입니다. 본문으로 택한 하나님 말씀을 읽어놓기는 하고 정작 설교시간에 다른 이야기하기, 인간의 이야기하기 등은 곤란합니다.

설교는 하나님 말씀을 대언하는 시간, 그 시간에 선택한 본문 말씀 즉 하나님 말씀을 알기 쉽게 풀어서 전달하는 시간입니다.

이 상식을 지키지 않는 설교도 많다는 게 사실입니다. 돌아가신 옥한흠 목사님도 다큐영화 〈제자 옥한흠〉에서 그 사실을 지적하셨습니다. 주제설교든 강해설교든 모든 설교는 본문 즉 텍스트에 목숨을 걸어야 합니다. 그것으로 그것을 위해 오직 거기에 초점을 맞추어야 합니다. 그렇지 않다면 솔직하게 본문을 읽지 말아야 합니다. 그냥 간증하겠다고 해야 합니다.

13. 맥락을 떠난 설교

본문이 놓인 맥락을 고려하지 않는 설교 참 많습니다. 예컨대 욥기에 나오는 저 유명한 본문이 그렇습니다.

"네 처음은 미약하나 나중은 창대하리라"(욥 8:7)

이 말씀은 욥을 비난하는 친구 빌닷의 말인데 마치 하나님 말씀으로 오해하고 있습니다. 전후 맥락을 안 보고 딱 이 말씀만 보고 전하기 때문이지요.

"두 세 사람이 내 이름으로 모인 곳에"(마 18:20)

이렇게 시작하는 이른바 합심기도의 위력을 말하는 본문이라 알려진 대목도 사실은 그렇지 않습니다. 기도에 대한 이야기가 아니라 교회 내 소송에 대한 이야기 또는 교회 내에서 범죄한 형제를 처리하는 일에 대한 것입니다. 성경의 맥락을 고려하지 않고 특정 부분만 딱 떼어서 말하는 것이 바로 이단입니다.

내가 보기에, 무의식적인 이단, 비고의적인 이단 참 많습니다. 이러면 이단을 두고 욕하지 못합니다. 오십보백보인데 어떻게 나무랄까요?

14. 성경에 나오는 어려운 낱말들

(1) 문맥에서의 정확한 뜻이 무엇인지 헷갈리는 경우

1) 말(마태복음 5:15)

마태복음 5장 15절 "사람이 등불을 켜서 말 아래 두지 아니하고 등경 위에 두나니"라는 구절을 보십시오. 여기 쓰인 '말'은 어떤 뜻을 지닌 말일까요? 어느 것을 대입해도 석연치 않습니다.

그렇다면 성경이 틀린 것일까요? 아닙니다. 우리말 말에는 제3의 의미가 있습니다. 그것은 곡식이나 액체 따위의 분량을 재는 데 쓰는 그릇입니다. '되'의 열곱절이 '말'입니다. 그렇습니다. 마태복음 5장 예수님의 산상수훈에서 말씀하신 말은 이것입니다.

2) 미쁘시도다(고린도전서 1:9)

신약에서 '미쁘다'는 표현이 많이 나옵니다. 고린도전서 1:9 "하나님은 미쁘시도다"라든가 디모데전서 4:9 "미쁘다 이 말이여 모든 사람들이 받을 만하도다" 등이 그것입니다.

도대체 이 말은 어떤 말일까요?

'믿음성이 있다. 미덥다'라는 뜻을 지닌 말입니다. 그러므로 하나님이 미쁘시다는 말은 하나님은 신실하시다, 믿을 만한 분이시다, 한 번 약속한 것은 틀림없이 지키신다는 의미입니다.

3) 시험(마태복음 6:13.주기도문)

시험(試驗)이란 말은 보통 '어떤 사물의 성질, 능력 정도 등에 관하여 알아봄(test)'이란 뜻으로 쓰입니다. 마태복음 6:13 "우리를 시험에 들지 말게 하옵시고"(주기도문)에 나오는 '시험'은 경우가 다릅니다. '유혹(temptation)'입니다.

우리가 사탄의 유혹 즉 꾐에 넘어가지 않게 해달라는 기도가 마태복음 6장 13절입니다.

(2) 어려운 한자어라서 모르는 경우

1) 표적(요한복음 2:18)

요한복음 2:18 "이에 유대인들이 대답하여 예수께 말하기를 네가 이런 일을 행하니 무슨 표적을 우리에게 보이겠느뇨"라는 구절에서 쓰인 '표적'은 무엇일까? 표적(標的: 목표로 삼는 물건)이 아닙니다. 표적(表蹟)입니다. 겉으로 나타나는 흔적이란 뜻의 표적입니다. 다른 말로 하면 표징 또는 기적입니다.

2) 인자(마태복음 8:20)

성경에는 '인자'라는 낱말도 자주 나옵니다. 마태복음 8:20 "예수께서 이르시되 여우도 굴이 있고 공중의 새도 거처가 있으되 오직 인자는 머리 둘 곳이 없다 하시더라"라는 구절에서 '인자'는 과연 무슨 뜻일까요?

우리가 흔히 쓰는 '인자'는 인자(仁慈)입니다. 하지만 마태복음 8:20에 나오는 인자는 인자(人子)입니다. 이 말은 직역하면 '사람의 아들'인데, 성경에서는 흔히 예수 그리스도께서 자신을 스스로 일컬으실 때 사용하는 낱말로 등장합니다.

15. 요한복음의 어려운 낱말들

우리가 보는 개역 성경책에는 어려운 한자어가 상당히 많습니다. 한자 자체가 어려운 것도 있고, 일반사회에서는 잘 안 쓰다 보니 낯설거나 헷갈리는 경우도 있습니다. 그래서 읽을 수는 있는데 똑떨어지게 이해할 수 없는 경우가 더러 있습니다. 요한복음에 나타난 낱말들 가운데에서 몇 가지를 생각해 보기로 합니다.

(1) 인치다(3:33): "그(예수님)의 증거를 받는 이는 하나님을 참되시다 하여 인쳤느니라"

여기 "인치다"는 말은 "인(印)치다" 즉 "도장을 찍는다"는 말입니다. 예수님의 전도를 받아들이는 사람은 하나님을 참된 분이라고 도장찍듯이 남에게 확실하게 보증하면서 인정한다는 뜻입니다. 우리도 주님의 복음을 그렇게 확실하게 인정하며 남에게도 보증설 수 있어야 합니다. "부도 안난다, 책임지겠다, 믿어 봐라" 이렇게 말입니다.

(2) 기사(4:48): "예수께서 가라사대 너희는 표적과 기사를 보지 못하면 도무지 믿지 아니하리라"

여기 쓰인 "기사"는 "기사(奇事)"입니다. "기이한 일"이라는 뜻이지요.

(3) 혈기(5:3): "그 안에 많은 병자, 소경, 절뚝발이, 혈기 마른 자들이 누워(물의 동함을 기다리니)"

혈기(血氣)에는 두 가지 뜻이 있습니다. ① 격동하기 쉬운 의기 ② 목숨을 유지하는 피와 기운. "젊은 혈기"니 "혈기 부리지 말아라" 할 때의 다소 부정적인 의미로 쓰일 때는 첫 번째의 경우입니다. 요한복음에 나오는 "혈기(血氣)"는 두번째 뜻으로 해석해야 합니다. 체력이 심하게 떨어진 사람들, 그 결과 중풍병에 걸린 사람들이라는 뜻입니다.

(4) 거하다(8:31):"예수께서 자기를 믿은 유대인들에게 이르시되 너희가 내 말에 거하면 참 내 제자가 되고"

이 말씀을 쉽게 풀면, "너희가 내 말대로 살면" 또는 "내 말을 마음에 새기고 살면" 진정한 내 제자가 되리라는 말씀입니다. 주님의 말씀대로 살지 않으면, 염두에 두지 않고 산다면 제자가 아니다, 주님과 남남이라는 말씀이 되는 셈입니다.

16. 사도신경(使徒信經)을 암송

우리가 드리는 주일 낮예배 순서에는 '신앙고백'이 있습니다. 우리의 신앙을 하나님께 고백하는 시간입니다. 그런데 그 신앙고백을 우리는 '사도신경'으로 하고 있습니다. 도대체 사도신경이 무엇이기에 그것으로 우리의 신앙을 고백하는 것일까요?

우선 '사도신경'이란 단어부터 분석해 보기로 합니다. '사도'+'신경'으로 된 말입니다. '사도'란 무엇입니까? 예수님의 1대 제자가 사도입니다. 베드로, 요한, 야고보 등 12제자가 사도입니다. 엄격하게 말하면 그렇습니다. 그 제자들한테 배운 사람들은 교부라고 합니다. 다만 한 사람 예외가 있습니다. 바울 사도가 그렇습니다.

바울은 예수님 살아생전에 직접 배운 일은 없으니 사도라고 할 수 없습니다. 그렇지만 부활하여 승천하신 후 예수님께서 나타나 음성을 들려주시고, 예수님을 체험함으로 변화되었기 때문에 사도라고 했고, 다른 사람들도 인정해 주어서 지금까지 사도라고 하고 있습니다. 어쨌든 이 사도신경의 '사도'란 예수님의 12제자를 말합니다.

그럼 '신경'이란 말은 무슨 뜻을 지녔을까요? '신경 쓰인다' 하는 신경일까요? 아닙니다. 믿음의 내용을 글로 적은 것입니다. 그래서 '믿을 신(信)'자에 '글 경(經)'을 한 것입니다. 이 말을 다른 말로 표현하면 '신조(信條)'라는 말과 똑같습니다. 믿는 내용을 조목화한 것입니다.

결국 '사도신경'이란, 제목 그 자체만을 가지고 해석하자면, 12사도의 신앙고백을 글로 옮기고 조목화한 것이라 할 수 있습니다. 하지만 그렇지 않다는 설명도 있습니다. 아주 한참 후대에, 중세 가톨릭시대에 만들었다는 주장이 그것입니다. 이 사도신경의 유래가 정확히 무엇인지 확실치는 않으나, 현재 우리가 이 사도신경으로 우리의 신앙을 하나님 앞에 고백하고, 우리끼리 신앙공동체로서의 동질감을 확보하고 있는 것만은 확실합니다. 예수님한테 직접 배운 사도들의 고백이라고 여길 만큼, 그런 권위를 지닌 고백으로 기독공동체에서 인정하는 고백이라 뜻이 그 제목에 들어있는 것이지요.

하나님에 대하여, 예수님에 대하여, 성령님에 대하여, 교회에 대하여, 사죄(죄를 용서함)에 대하여, 부활에 대하여, 영생에 대하여, 이렇게 크게 7가지 사항에 대하여 통일된 신앙고백의 내용을 집약한 것으로 보는 데 별문제는 없으리라고 봅니다. 이런 통일된 고백이 없으면 전도하기도 어렵거니와 교인들을 교육하고 훈련하기도 힘들고, 이단의 공격을 막아내기 어렵기 때문에 이 사도신경을 만들었던 것이라 생각합니다. 그후 불신자가 예수님을 믿어 세례를 받으려면 반드시 이 사도신경의 내용으로 신앙을 고백해야만 하였고, 5세기경부터 이 사도신경은 성경의 진리를 간명하게 요약한, 기독교 신앙고백의 모델로 인정되어 지금까지 예배에서 쓰이고 있는 것입니다.

　처음에는 소수의 신앙고백으로 출발했겠으나, 역사가 흐르면서 우리 기독교인 전체의 신앙고백으로 받아들여지고 있기 때문에, 우리는 이 사도신경으로 신앙고백을 할 때, 단순히 외듯이 해서는 안됩니다. 요식적이고 형식적으로 해서는 안됩니다. 하나님께서 우리 각자에게 '네가 무엇을 믿느냐?'라고 물으시는 데 대하여, "전능하사 천지를 만드신 하나님 아버지를 내가 믿습니다. 그 외아들 우리 주 예수 그리스도도 믿습니다" 이렇게 한 가지, 한 가지에 대하여 진지한 자세로, 그 각 항목의 뜻을 음미하면서 분명하게, 확고하게 고백해야 합니다. 그래야 신앙고백 시간이 은혜스러우며 하나님이 들으시기에도 흡족하십니다. 마치 예수님께서 가이사랴 빌립보 가는 길에서 제자들에게 '너희는 나를 누구라고 믿느냐?'라고 물으셨을 때, 베드로가 '주는 그리스도시요 살아계신 하나님의 아들이십니다'라고 대답하였을 때, 칭찬을 받았던 것처럼 말입니다. 좀더 진지한 신앙고백 시간이 되기 위하여 두 가지 사항을 부탁드립니다.

　첫째, 가능한 한 천천히 했으면 좋겠습니다. 대체적으로 보면 너무 빠른 것 같습니다. 누가 빨리 외우나, 경쟁하듯 해서는 안되겠습니다. 신앙고백 시간은 사도신경을 외워 재끼는 시간이 아닙니다. 우리가 애인에게 사랑을 고백할 때 어떻습니까? 빨리 할 수 있나요? 상대방이 알아들을 수 있도록 명료하게 해야 합니다. 주워섬기듯이 해서는 안될 것입니다. 가식적인 사랑 고백 또는 남이 써준 내용을 앵무새처럼 옮기는 것이라면 몰라도, 정말 상대방을 사랑하는 마음이 넘쳐서, 자신의 열렬한 심정을 담아 표현하는 고백이라면 그럴 수 없다고 생각합니다. 가능한 한 천천히, 각 대목의 의미를 음미하면서 했으면 좋겠습니다. "전능하사 천지를 만드신" 이 대목을 할 때는, 정말 말씀 한마디로 천지를 창조하시는 하나님의 장엄하신 역사를 떠올려 볼 필요가 있습니다.

둘째, 사도신경의 의미를 제대로 알고 고백해야 하겠습니다. 불교에서는 잘 모르면서 신앙고백을 합니다. 〈마하반야바라밀다심경〉이란 어려운 한문 경전을 예불 때마다, 뜻도 모르면서 주문처럼 외워 재낍니다. 우리의 사도신경은 다릅니다. 조금만 신경을 쓰면 그 의미를 다 알 수 있습니다. "살아 있는 자와 죽은 자를 심판하러 오십니다"라는 고백의 의미는, 역사 최후의 날, 주님이 재림하여 심판하러 오시는 날, 그때까지 살아있는 자는 물론, 그 이전에 죽은 자는 다시 살려내어(사망의 부활로 부활시켜서) 놓은 상태에서 심판하실 것을 믿는다"는 고백입니다. 이것만 절실하게 믿는다면 절대 함부로 살 수 없습니다.

"거룩한 공교회를 믿는다"는 대목의 의미도 좀 어려울 수 있는데, 현실적인 특정 교회는 믿을 수 없을지라도, 그럼에도 불구하고 눈에 보이지 않는 교회, 하나님이 다스리는 교회, 영적인 교회는 완전하다

는 사실을 믿는다는 고백을 이 대목에서 하는 것입니다. "성도가 서로
교통하는 것"이란 대목은 "성도가 서로 교제함", "성도가 서로 친교
함"이란 뜻입니다. "교통사고"할 때의 "교통"이 아닙니다. 서로 정신
적으로 물질적으로 도와 주는 관계를 맺으며 지내는 것을 말합니다.

17. 하나님

하나님이란 말은 '하나+님'이란 구조로 되어 있습니다. 흔히들 '하
나(one)'라는 수사(數詞)에 '님'이라는 존칭접미사가 결합되어 이루
어진 말로 보는데, 그렇진 않습니다. 수사에 접미사 님을 붙이는 것은
우리 어법에는 없는 일입니다. 하늘의 고어 표기인 '하늘'에 님을 붙인
형태에서 후대에 ㄹ이 탈락되면서 '하느님'으로 바뀌었다가, 다시 '하
나님'으로 표기하게 된 것이 오늘날의 '하나님'입니다. 고어로 하나
(one) 즉 '1'을 의미하는 말은 'ᄒᆞ나'로 표기하여 하늘을 의미하는 '하
ᄂᆞ'와 철저하게 구분했습니다.

하지만 기독교에서 '하나님'이라 부르고, 그 말이 신자들에게 거부
감 없이 자연스럽게 받아들여지고 있는 데에는 까닭이 있습니다. '하
나님'이란 용어는 우리가 섬겨야 할 신은 유일신(唯一神)이심을 강조
하는 말입니다. 기존의 '하늘님'·'하느님'은 다분히 다신교적인 성격
이 강한 말입니다. 나무신(木神), 바다신(海神) 등 많은 신 가운데에
서 '하늘에 있는 신'을 가리키는 듯한 인상을 풍기기 때문입니다. 하
지만 우리가 믿는 하나님은 많은 신 중의 하나가 아니라, 오직 한 분
밖에 없는 분입니다. 전통적인 하늘님 사상에다 유일신 개념을 융합

시켜서 만들어낸 표기라 하겠습니다. 아주 절묘한 표현으로서, 세계 어느 지역에서도 이렇게 토착적인 최고신 개념에 기독교 유일의 창조신, 유일신 개념을 자연스럽게 통합한 신명은 없습니다. 영어권만 하더라도 그게 안되니 일반신들은 god, 기독교 하나님은 God으로 표기하고 있는바, 발음으로 구분하기는 아예 불가능한 형편입니다.

이래서, 지금 우리가 쓰는 하나님은 사도신경에 나오는 것처럼, 천지를 만드신 유일절대한 분이십니다. 하나님이란 용어에는 그같은 신앙고백이 담겨있습니다. 따라서 이 용어를 사용하는 순간, 우리는 우상을 숭배할 수 없습니다. 하나님은 선택의 대상이 아니라 필수적, 절대적인 분이십니다. 한국 기독교 초창기의 에피소드 하나를 소개합니다. 전도를 받아들인 무당이 불상 옆에 십자가도 걸어놓고 영업하였다는 일화가 그것입니다. 그것은 유일신 신앙이 아닙니다. 모든 잡신을 다 섬기는 다신교 신앙의 토대 위에서, 예수님도 그 신 중의 하나로 숭배하였기 때문입니다.

요즈음 기독교계 일각에서 하나님 대신 하느님으로 용어를 바꾸자는 의견이 있습니다. 천주교처럼 그렇게 하자는 것입니다. 우리 애국가에서 '하느님이 보우하사'라고 하는 것처럼 그렇게 하자는 것입니다. 그렇게 하는 것이 거부감을 줄일 수 있다는 점에서 긍정적인 측면도 없지 않습니다. 하지만 앞에서 말한 것처럼 일반사회에서 사용하는 하느님이란 용어와 기독교의 하나님이 일치하는 것이 아니므로 조심스럽게 접근할 문제라고 생각합니다.

18. 성경에서 유래한 서양 인명들

널리 알려진 서양 혹은 서양식 인명들이 우리말 성경에서 어떻게 표기되어 있는지 알아봅니다. 주요 인물들의 이름이 성경에서 나왔다는 사실을 앎으로써 더욱 그 이름들을 친근하게 느낄 수 있을 것이며, 서양문화를 이해하는 데 성경에 대한 이해가 필요하다는 것도 더욱 잘 알게 되리라 생각합니다.

미리 말해둘 것은, 서양식 인명에서 앞 부분이 이름(명)이고 뒷부분은 성씨라는 사실입니다. 오사마 빈 라덴의 경우, 라덴은 우리로 말하면 성씨일 따름입니다. 죠지 부시 미국 대통령도 부시는 성씨이지 이름이 아닙니다. 이름(명)이야말로 그 개인의 특성을 잘 드러내는 부분이며, 그 부모의 소망이 드러난 부분이니 주목해야 합니다. 그런 관점에서 몇몇 인명을 선택해서 살펴보도록 합니다.

(1) 에이브러험(Abraham) 링컨 : 아브라함(믿음의 조상) *아브람 (존귀한 아버지/높은 아버지)

(2) 이이좍(Isaac) 뉴턴 : 이삭(아브라함의 아들, 야곱의 아버지)

(3) 마이클(Michael) 잭슨 : 미가엘(천사장)

(4) 조나단(Jonathan) : 요나단(다윗의 친구, 사울왕의 아들)

(5) 메리(Mary) : 마리아

(6) 마크(Mark) 트웨인 : 마가(마가복음의 저자) *맑스 *마르크

(7) 존(John) F 케네디 : 요한(불어권에서는 쥬앙, 스페인권에서는 후안) *죤슨 *보아너게

(8) 폴(Paul) 뉴먼 : 바울 *쌘뿔여고

(9) 피터(Peter)대제 : 베드로(예수님 수제자) *시몬(히브리식 본
명. 바요나)/게바(아람어 : 반석)

(10) 토마스(Thomas) 만 : 도마(의심많은 제자), 톰(애칭)

(11) 제임스(James) 딘 : 야고보(예수님의 동생)

(12) 엘리자벳(Elizabeth)여왕 : 엘리사벳(세례요한의 어머니)

(13) 조엘 : 요엘

(14) 사이먼(Simon) : 시몬

(15) 앤드류(Andrew) : 안드레

(16) 필립(Philip) : 빌립

(17) 너쌔뉴얼(Nathanael) 호오도온 : 나다나엘

(18) 매쓔 아놀드 / 매튜(Matthew) : 마태

(19) 요세푸스 / 죠셉 / 호세 : 요셉

(21) 핸나(Hannah) / 앤(Ann) / 아냐 / 아나 / 안나 : 한나

(22) 애덤 스미스 : 아담

19. '요한'에서 유래한 서양의 이름들

서양에서 가장 인기 있는 이름인 요한은 세례 요한에서 유래한 것
입니다. 영어 이름은 존(John)이며 프랑스식 발음은 장(Jean)이고 스
코틀랜드식 표기는 숀(Sean), 아일랜드식 발음은 션, 잉글랜드에서는
세인(Shane)이라는 철자로 씌어집니다.

20. 설교비평서 두 권을 읽고

최근에 두 권의 설교비평서를 읽고 큰 충격을 받았습니다.

독일에서 신학을 공부하고 대구지역에서 목회활동을 하시는 정용섭 목사님의 설교비평집 두 권. 〈속빈 설교와 꽉찬 설교〉, 〈설교와 선동 사이〉이 두 책에서 조용기, 장경동, 하용조, 이동원, 김동호 목사님 등 우리나라 대표적인 목사님들의 설교를 비판합니다.

"하나님의 말씀보다 사람의 지식과 교양과 체험과 말솜씨 등이 부각되어 있음. 하나님은 곁다리 또는 뒷방으로 내몰린 처지"

이것이 우리나라 대부분 목사님의 설교에서 발견되는 문제점이라고, 이 책은 근거를 들어서 조목조목 비판합니다. 설교본문성경말씀을 내걸었으면 그 뜻이 무엇인지 철저하게 드러내어, 하나님이 그 성경구절을 통해서 당시와 독자와 지금의 우리에게 하시고자 하는 말씀이 무엇인지, 그 비밀을, 성경 자체가 지닌 오묘한 차원을 열어보여줘야 하는데, 대부분의 목사님들이, 본문과 설교가 따로국밥인 경우가 많아, 본문과는 무관한 사람의 경험, 사람의 생각, 지식을 말하는 경향이 너무 많다는 것이지요. 기막힌 현실은, 그런 교회들에 사람이 몰린다는 사실입니다.

정용섭 목사님의 비평이 맞다면, 왜 우리나라 목사님들은 성경본문의 의미를 파고드는 대신 자기 지식과 교양과 말솜씨와 기교를 앞세우고 있는지 알다가도 모를 일이며, 그런 설교를 좋아하는 한국 교인의 천박성도 개탄할 일입니다. 신학교에서 원어공부는 왜 하며 조직신학공부는 왜 하는지, 정말 모를 일입니다.

이 책을 읽고, 나는 왜 한국 개신교가 자꾸만 침체와 위기에 빠져들고 있는지 그 이유를 알 것만 같았습니다. 왜 교회와 신도는 많은데 우리 사회가 변화되지 않는지, 그 원인도 알 것만 같았습니다. 설교는 있는데 하나님 말씀은 실종되어 있고, 한마디로 예언자적인 설교가 사라지고, 사람의 성공과 출세와 안정 추구 욕망을 부추기거나 거기 영합하는 세련된 설교 아니면 인기연예인 뺨치게 흥미로운 설교만 가득하니, 숫자는 많다지만, 영적으로 영양실조에 걸린 크리스찬, 그러니 요즘들어 많은 신도가 천주교로 발길을 돌리고 있는 거 아닐까요? 내가 알기로 천주교는 정말 설교시간이 거의 없다시피하고 의식만 강조하는데 그래도 그 엄숙성이 좋다고 그리 옮긴다니 기막힌 일입니다.

나도 가끔 청년부 부장으로서 설교를 하곤 하는데, 설교하기가 두렵습니다. 부담됩니다. 더 많이 공부해서 하나님 말씀을 충실히 대언하는 시간이 되도록 해야겠습니다. 목사님들의 설교를 위해서, 그분들이 설교준비에 많은 시간을 투입할 수 있도록 도와야겠습니다. 안식년이 안된다면 안식월, 안식주간이라도 수시로 드려야 하지 않을까, 어지간한 잡일은 평신도나 전도사님들이 처리해야 하지 않을까 싶습니다. 그리고 설교의 정상화를 위해서라도, 목사 파송제는 필요하지 않을까 싶기도 합니다. 한 교회에 너무 오래 있으면서 나날이 새로운 설교 하기는 정말 어렵지 않을까 여겨지기 때문입니다.

21. 설교 표절

목회자들의 설교 표절이 심하다고 합니다. 인터넷을 뒤져보니 그 뿌리가 깊은 모양입니다. 설교자들의 고충도 이해 못할 바 아닙니다.

대학교수들은 학생이 4년이면 다 바뀌니 같은 강의를 또해도 되지만, 목회자가 한 교회에서 수십년 있을 경우, 모든 설교를 새롭게 감동있게 준비해 전하기는 어려운 일이지요.

그래도, 남의 설교를 그대로 이용하는 것은 잘못입니다. 아무리 남의 설교가 맘에 들어도, 자기네 교회와 교인의 실정에 맞추어 재가공해서 전해야 합니다.

남의 설교를 아무런 수고 없이, 요새는 드래그만 하면 순간적으로 다 옮겨올 수 있는 이 시대에, 그걸 출력해서 전하는 수고만 하면서, 자기 설교인 양 한다면 죄악입니다.

학자가 논문을 쓸 때 남의 글을 무단히 이용해도 표절에 걸려 학계에서 망신당하거나 축출당하는데, 목회자가 세상사람보다도 무감각하게 표절을 일삼는다면 곤란한 일입니다.

옛날 같지 않고 요즘에는 표절 여부를 검색할 수 있습니다. 대학생들의 보고서가 표절인지 아닌지도 알아내는 세상입니다. 설교 표절했다가는 금세 들통나니, 조심할 일입니다. 묵상하고, 성경읽으며 연구하고, 기도하며, 치열하게 생활하다 보면 자기 설교를 할 수 있는 게 아닌가 생각합니다.

물론 설교할 때마다 안타를 날릴 수는 없을 것입니다. 더욱이 작은 교회에서는 새벽예배 설교까지 담임자가 다 하니 그건 무리한 요구일 것입니다. 더욱이 절기 설교는 비슷한 설교를 할 수밖에 없으니, 절기와 무관한 여타 설교만은 정성들여 준비한다면, 최소한 한 달에 한 번 정도는 감동적인 설교를 할 수도 있지 않을까 생각해 봅니다.

물론 설교가 목회의 전부는 아닙니다. 하지만 개신교에서는 설교의 비중이 크니 간과할 수 없습니다. 설교와 함께 인격, 섬김, 겸손 등등의 미덕도 함께 동반되어야 하는 것도 물론입니다. 이 시대 최고의 설교자라는 목사님이 반드시 존경받을 만한 분은 아니라는 게 드러난 세상이니 더더욱 그렇습니다. 설교 좀 못해도 다른 데서 감동을 줄 수만 있다면 되는 것이겠지요. 가장 좋은 것은 설교도 좋고 인격과 삶도 감동스러운 것이겠지요. 어려운 일이지만, 노력해야 할 일이지요.

설교 표절을 막기 위한 강력한 제도 중의 하나가, 우리 감리교의 초창기 전통이었던 기간제 파송이라 생각합니다. 그러면 세습의 병폐도 없애면서 표절 문제도 없앨 수 있다 생각합니다. 계속 샘물처럼 설교 아이디어가 넘치는 분은 한 교회에서 오래 목회하고, 그 자신이 없어 표절해야 한다면 서로 교회를 바꾸거나 개척할 일입니다.

또 하나의 방법은 고 김인수 교수가 생시에 주장한 것처럼, 평신도 가운데 설교의 은사를 지닌 분들을 발굴해 목회자와 함께 강단에 서게 하는 것입니다. 목사라고 반드시 설교를 잘한다는 보장이 없고, 성경에도 각자의 은사대로 교회를 섬기라고 했으니 설교 은사가 없거나 부족한 목회자가 목회자라는 이유 하나로 표절설교까지 해가며 무리수를 두는 것보다는 은사 있는 평신도가 설교할 기회를 주는 게 바람직할 것입니다. 그런 평신도에게 신학공부할 수 있도록 도와주기도 해야 할 것입니다.

또 하나는 열린 교회입니다. 설교가 선포되면 자유롭게 토론할 수 있어야 합니다. 그래야 목회자들이 더 연구하고 수준을 높여 갈 것입니다. 교인들도 계속 성경을 연구해야만 하겠지요.

22. 성경에 나오는 동음이의어 관련 낱말이나 표현들 모음

- 가인(창4장 1절) : 히브리어 동사 얻다(생산하다)의 발음이 가인이라는 말과 비슷함.
- 아담(창5장 2절) : 사람.
- 바벨(창11장 9절) : 바빌론. 뒤섞다는 뜻을 지닌 발랄과 바빌론을 뜻하는 바벨의 발음이 비슷함.
- 에서 : 털.
- 야곱 : 발뒤꿈치를 잡다 즉 속이다란 뜻의 야아케브에서 온 말.
- 에돔 : 붉은, 붉은 죽. 에서의 별명.
- 르우벤 : 보라 아들이라. 창30장.
- 시므온 : 들으심.
- 레위 : 연합함.
- 유다 : 찬송함.
- 단 : 억울함을 푸심.
- 납달리 : 경쟁함.
- 갓 : 행운.
- 아셀 : 기쁨. 행복.
- 잇사갈 : 값.
- 스블론 : 거함.
- 요셉 : 더함. 더하다.
- 베냐민 : 오른손의 아들. 남쪽의 아들(남방으로 이사해서 낳은 아들).

- 여호와(야훼) : 히브리어 네 자음. "나는 ---이다(있다)"라는 말과 발음이 비슷하고, 뜻에서도 서로 관련이 있음. 이 글자를 유대교에서는 아도나이(주) 또는 엘로힘(하나님)으로 읽고, 같은 이름을 칠십인역과 신약에서는 퀴리오스(주)로 부르고 있음. 16세기 이래 이 이름을 여호와로 부르기 시작하였으나 지금은 대다수의 번역이 오랜 전통을 따라 '주'로 부르고 있음.
- 발 : '성기'에 대한 완곡한 표현(출4장 25절)
- 만나 : 만 후(이것이 무엇이냐?) 여기에서 만나라는 말이 나옴 (출16장15절).
- 허벅지 : 넓적다리(민5장21절) '성기'를 의미함.
- 호세아, 여호수아 : 같은 이름의 두 형태. '주님께서 구원하시다'라는 뜻. 여기에서 그리스어 이름 '예수'가 나옴(마1장21절).
- 나귀 턱뼈 : 히브리어로 '하모르'. 하나로 주검을 무더기(히브리어로 '하모라')로 쌓았다. 히브리어로 두 말의 발음이 같음.
- 하나님을 저주하고(욥기 1장 5절) : '찬양하고(베르쿠)', 히브리 본문에서는 하나님께는 '저주하다'는 말을 쓸 수 없어서 대신 완곡어법을 써서 '찬양하다'로 대치함. 일명 '서기관의 대치(티쿤 쏘프림)'라고 함.
- 시편 37편 : 각 연의 첫 글자가 히브리어 자음 문자 순서로 되어 있는 시.
- 이제 모압의 영화는 사라졌다 : 헤스본에서 그들은 모압을 멸망시킬 작전을 세웠다. '자, 우리가 모압을 멸망시켜서, 나라를 아주 없애 버리자' 한다. 맛멘아, 너도 적막하게 될 것이다. 칼이 너를 뒤쫓아갈 것이다.

- 재물(마6장 24절) : 그리스어로 '맘몬(돈이나 부를 뜻하는 셈어)'
- 잔치 자리에 앉을 것(마8장11절) : 그리스어로, '비스듬히 눕다'. 유대인들이 식사할 때 가지는 자세.
- 이스라엘 : 하나님과 겨루다, 하나님이 겨루시다

23. 입맞춤

성경에는 부모와 자식이 하는 것도 입맞춤, 연인끼리 하는 것도 입맞춤, 이렇게 미분화 상태입니다. 영어 사전에서 kiss를 찾아보니 마찬가지였습니다.

다만 우리의 인식과 다른 게 있었습니다. 우리는 입맞춤 하면 입과 입의 마주침을 연상하는데 영어의 kiss는 일방적인 것까지 포괄했습니다. 신하가 국왕의 손등에 입맞추는 것도 kiss라 했습니다. 우리말로 번역할 때는 구분해야 마땅합니다. 가벼운 키스는 뽀뽀, 깊은 키스는 입맞춤 이렇게 구분해야 합니다.

그렇지 않으면 오해할 수 있습니다. 바울서신의 말미에 자주 등장하는 거룩한 입맞춤으로 서로 문안하라. 이 대목의 입맞춤도 뽀뽀라고 해야 맞습니다.

24. 절하다 / bow / bow down

10계명 중 제2계명 너를 위하여 새긴 우상을 만들지 말고, 또 위로 하늘에 있는 것이나, 아래로 땅에 있는 것이나, 땅 아래 물 속에 있는 것의 아무 형상이든지 만들지 말며, 그것들에게 절하지 말며, 그것들을 섬기지 말라.

이 대목에서 '절'한다는 게 무엇일까요? 우리 한국사람들로서는 큰절을 연상합니다. 무릎꿇고 두 손 모아 하는 절이 그것입니다.

외국인은 어떨까요? 우선 영어 번역을 보니 bow down입니다. 이것은 우리의 큰절입니다. 무릎꿇고 하는 절. 그 나머지 가벼운 절은 bow라고 합니다. 중동의 무슬림들이 하루에 여러 차례 성지를 향한 자세로 엎드려 하는 절. 그게 바로 bow down. 성경이 금하는 게 바로 이것입니다.

하나님이 아닌 다른 것 즉 우상에게 큰절 하지 말라는 것이지요. 이 계명 때문에 초기 우리 신자들이 많이 죽었지요. 조상제사를 거부하다 죽었지요. 하기야, 천주교에 호의적이었던 남인계 채제공의 세력이 정조 사망 후 벽파에 밀려나면서 정국의 주도권을 위해 천주교도들을 죽였다고 하니 조상제사 아닌 다른 것으로라도 꼬투리 잡아 죽였을 것이지만 말이지요.

신사참배 거부도 바로 이런 맥락에서 이해해야 할 일이지요. 다만, 우리 조상제사가 과연 우상숭배인가에 대해서는 논의가 필요합니다. 살아있는 부모에게 절하여 예의를 표시하듯, 죽은 부모나 조상에게 그렇게 존경하는 마음을 표현하는 정도의 것이라면, 우상숭배로까지 규정할 필요는 없지 않을까요?

25. 아멘 강요

아멘은 '동의합니다', '진실로 그렇습니다' 등의 뜻을 지닌 이스라엘 말입니다. 설교 시간에 회중들이 판소리 추임새처럼, 설교 말씀에 감동을 받으면 곧잘 아멘으로 화답하곤 합니다. 자연스러운 아멘일 경우 피차에 은혜스러운 일입니다.

그런데 왕왕 부자연스런 경우도 있어서 문제입니다. 설교자가 아멘을 강요하는 경우입니다. 노골적으로 아멘을 유도하기도 하며, 아멘이 없거나 소리가 적으면 나무라기도 합니다. 아멘은 강요해서 될 일이 아닙니다. 감동받으면, 아멘 하지 말래도 합니다. 아멘이 나올 만한 설교를 준비하는 데 더 신경을 쓸 일이지 나무랄 문제가 아닙니다.

한국인은 오랜 세월 동안 감정 표현을 자제하는 유교문화권에 살아와서, 아멘하고 싶어도 자제하는 분위기가 강합니다. 특히 장로회 계통의 교회가 그렇습니다. 겉으로 아멘만 하고 실천하지 않은 사람보다는, 속으로만 아멘하고 삶으로 옮기는 신자를 주님은 더 사랑하시지 않을까요?

26. 방언

사도행전 2장 1~11절에 기록된 '오순절'의 '방언'은 외국어로서의 방언입니다. 우리말 풀이는 '사투리', '지역어'이지만 성경의 '방언'은 다른 것이지요.

외국어로서의 방언에 두 가지가 있습니다. 학습해서 익힌 외국어로서의 방언은 헬라어로 '디알렉토스($\delta\iota\alpha\lambda\epsilon\kappa\tau o\varsigma$)'(행 2 : 6, 8), 학습하지 않았는데 하는 외국어는 '글롯싸($\gamma\lambda\tilde{\omega}\sigma\sigma\alpha$)'(행 2 : 4, 11)라 합니다. 헬라어 성경 원전에는 엄연히 구분해서 적고 있습니다. 오순절에 사도들이 한 방언은, 평소에는 전혀 배운 일도 없고 해본 일도 없는 다른 지역의 언어를 한 것입니다. 그리고 그 언어는 특정 지역에 존재하는, 일정한 체계를 지닌 외국어로서의 언어였기 때문에 그 지역 사람들은 다 알아들었던 것입니다.

여기에 비추어 보면, 현재 우리 주변에 존재하는 방언 즉 '알 수 없는 소리' 또는 '같은 소리의 반복'에 불과한 방언과는 다릅니다. 그래서 어떤 학자는 현재의 방언을 '종교적인 흥분 상태에서, 혀를 비롯한 발성기관의 꼬임에서 비롯된 발음'으로 규정하기도 하였는데 일리가 있습니다. 이런 방언은 기독교가 아닌 다른 종교에서도 확인되는 현상이기도 하기에 더욱 그렇습니다. 라마교 승려도 방언했다는 기록이 있으며, 오순절 계통의 이단 종파에서 특히 방언을 강조하는데 외국어로서의 방언은 아닌 것으로 보입니다.

초기 교회 시절, 디아스포라로서 수많은 지역에 흩어져서 그 지역의 언어만 아는 유대인들에게 복음을 증거하기 위해서는, 외국어로서의 방언 능력이 절대적으로 필요했기에, 하나님은 그렇게 역사하신 것이지요. 신약성경도 형성되기 전이기에 더욱 그러했던 것이지요. 하지만 지금은 환경이 다릅니다. 신약성경이 기록되어 있는 데다, 수많은 외국어로 번역되어, 외국어로서의 방언이 그다지 필요하지 않은 것이지요.

더욱이 오늘날, 방언을 자랑하는 이들이 말하는 방언은 복음을 전파하는 용도가 아닌 게 대부분입니다. 기도할 때 사용하는 방언이 주를 이루고 있습니다. 이는 초기 교회에 등장한 방언과는 다른 것입니다. 설교자들은 분명히 이 사실을 알고 있어야 할 것입니다.

27. 되어지다

조찬기도회에 참석했습니다. 어느 목사님이 설교하시는데 아주 빈번하게 들려오는 표현이 있었습니다.

"유익함이 되어지기를"

"되어질 수 있기를"

"하나가 되어져서"

영어를 직역식으로 통역하는 듯한 느낌이 들었습니다. 분명히 한국 목사님인데, 우리말답지 않은 언어 구사. 외국 유학한 탓일까요? 아니면 우리말 감각이 둔해서일까요? 아무튼 어색한 일입니다.

"유익하기를"

"되기를(될 수 있기를)"

"하나가 되어서"

이러면 충분합니다. 더 자연스럽기도 합니다.

28. 유향 / 유황

집에 들어가 아기와 그의 어머니 마리아가 함께 있는 것을 보고 엎드려 아기께 경배하고 보배합을 열어 황금과 유향과 몰약을 예물로 드

리니라.(마 2 : 11)

동방박사들이 예수님께 드린 선물 가운데 유향이 있습니다. 유향은 향료의 한 종류인데, 이를 간혹 '유황'으로 잘못 발음하기도 합니다. 유향(乳香)은 유향나무의 줄기에 상처를 내서 채취한 수지로서 약재와 향료로 쓰이지만, 유황(유황(硫黃)은 비금속 원소로서 성냥이나 화약 만드는 재료이니 전혀 다릅니다. 유황은 위험물질이므로 선물하면 결례입니다.

29. 일점 일획

진실로 너희에게 이르노니 천지가 없어지기 전에는 율법의 일점 일
획도 결코 없어지지 아니하고 다 이루리라(마 5 : 18)

여기 나오는 "일점 일획"은 우리 글자인 한글에 대한 인식만 가지고는 제대로 납득하기 어렵습니다. 세종대왕이 만든 훈민정음 원본에는 점이 나오지만, 지금은 모두 획으로 바뀌었기 때문입니다.

진실로 너희에게 이르노니 천지가 없어지기 전에는 율법의 일점 일
획도 결코 없어지지 아니하고 다 이루리라(마 5 : 18)

여기 나오는 "일점 일획"은 우리 글자인 한글에 대한 인식만 가지고는 제대로 납득하기 어렵습니다. 세종대왕이 만든 훈민정음 원본에

는 점이 나오지만, 지금은 모두 획으로 바뀌었기 때문입니다.

'일점 일획'에서 '점'은 히브리 문자를 알아야만 비로소 생생하게 느낄 수 있습니다. 히브리어 문자에서 가장 작은 게 '요드'입니다. 엄밀히 말하면 점이 아니라 작은따옴표처럼 생겼습니다만, 하도 작아서 우리말로 치면 '점'이라 할 수 있으므로, 우리말 성경에서 '점'이라 번역한 것일 따름입니다. 진짜로 점도 있습니다. 이것은 독립 문자는 아닙니다만, 문자들에다 찍어서 활용하고 있습니다. 관련 성경 구절을 하나 보겠습니다.

그에게 이르기를 쉽볼렛이라 발음하라 하여 에브라임 사람이 그렇게 바로 말하지 못하고 십볼렛이라 발음하면 길르앗 사람이 곧 그를 잡아서 요단 강 나루턱에서 죽였더라 그 때에 에브라임 사람의 죽은 자가 사만 이천 명이었더라(삿 12 : 6)

'쉽'과 '십'의 발음 차이로 사람이 죽고 살았습니다. 히브리 문자 가운데 '쉬'와 '시'의 음가는 ש라는 문자에서, 점이 오른쪽 위에 찍히느냐 왼쪽 위에 찍히느냐로 구분됩니다. 오른쪽 위면 '쉬', 왼쪽이면 '시'입니다. 우리로 말하면 '님'에 훈민정음식으로 점 하나가 어디에 씩히느냐에 따라 '넘'일 수도 있고 '남'일 수도 있는 것처럼! 그러니 유대인에게 점 하나의 위치가 어디에 찍히느냐 또는 찍히느냐 안 찍히느냐는 중요한 문제였습니다. 완전히 다른 말이 되어 버리니까요.

'획(劃)'은 무엇일까요? '케라이다'를 말합니다. 케라이다는 히브리 문자에서 작은 각획(角劃)을 말합니다. 조금 두드러지거나 구부러진 것을 의미합니다. 예컨대, ד(달렙)과 ר(레쉬)란 두 문자가 그렇습

니다. 우리가 보기에 같은 글자로 보일지 모르지만, 앞의 것은 우리의
ㄱ자를 직각으로 적었다고 보면 되고, 뒤의 것은 모가 나지 않게 적었
다고 보면 됩니다. 모양만 비슷할 뿐 전혀 다른 문자입니다. 전자는 d
음가이고, 후자는 r 음가입니다.

30. 개신교의 상징

개신교의 상징을 십자가로들 알고 있습니다. 하지만 원래부터 십자
가였던 것은 아닙니다.

초기의 상징은 십자가가 아니라 잔(盞)이었습니다. 술잔이 아니라
성찬식용 잔이었습니다. 왜 그랬을까요?

종교개혁 이전 즉 가톨릭의 세상이었던 중세에는 성찬식 때 사제만
잔을 마실 수 있었습니다. 평신도들은 떡만 받아서 먹었습니다. 그것도
절대로 씹어서 먹어서는 안 되었습니다. 예수님의 살로 바뀐다는 화체
설(化體說) 때문이었습니다. 그래서 아주 얇은 과자 형태의 떡을 지금
도 나누어 줍니다. 주로 빵을 나누어 먹는 우리 개신교와는 좀 다르지요.

가톨릭에서 잔은 오직 교황과 사제들만 마셨습니다. 지금도 마찬가
지입니다. 남은 포도주는 모두 예수님의 피로 변한다고 보기에 사제
가 다 마셔야 하는 부담이 있습니다.

종교개혁 때문에 개신교와 천주교 간에 전쟁이 일어났을 때, 개신
교측에서는 잔을 사용하게 해달라고 요구했고 천주교에서는 허용하
지 않았습니다. 전투하다가 개신교측이 이겨서 교회당을 점령하면 건
물 전면에 성찬용 잔을 만들어 걸어놓았습니다. 드디어 잔을 얻었다

는 표시로! 우리도 예수님의 피를 마실 수 있게 되었고, 예수님 피로 구원함을 얻고 죄사함을 받는 은총을 입었다는 표시로! 그러나 다시 전투가 붙어 구교측이 이기면 그 잔을 떼어내 녹여 성모 마리아상에 금칠을 했습니다. 지금도 프라하 광장의 교회당에는 잔을 붙였던 흔적이 그대로 남아있고, 그 잔을 녹여 금칠을 한 성모 마리아상도 남아 있습니다.

그 전쟁 기간에 사용한 깃발에도 이것이 반영되어 있습니다. 개신교측 깃발에는 성경과 성찬용 잔이 그려져 있었고, 천주교측 깃발에는 십자가가 그려져 있었습니다. 종교개혁 당시 십자가 군기를 앞세우고 천주교측에서 얼마나 많은 개신교도들을 죽이고 핍박했는지 모릅니다. 그래서 유럽의 개신교 예배당에서는 십자가를 찾아볼 수 없습니다. 십자가는 한국에서만 풍년입니다. 이것은 미국 개신교의 영향입니다.

잘 알려져 있듯, 로마제국시대 기독교가 박해받을 때의 상징은 물고기가 기독교의 상징이었습니다. 예수 그리스도의 라틴어 표기의 이니셜이 물고기라는 말과 같았기에 생긴 상징이었지요.

십자가의 의미가 하도 심오하니, 얼마든지 개신교의 상징으로 사용할 수 있습니다. 하지만 위에서 밝힌 대로, 여기 얽힌 사연들만은 알아야 하지 않을까요?

31. 은 30

예수님을 넘겨주고 가룟인 유다가 받은 대가는 은 30이었습니다.

은 30이라니까 상당한 액수일 것으로들 여길 수 있습니다만 그렇지 않습니다. 고대 유대인 사회에서 노예 한 사람 값이 은 30 정도였다니 말이지요. 예수님은 헐값에 팔린 것입니다.

32. '---을 인하여 감사'

말할 때, 특히 기도할 때 "-----을 인하여 감사하나이다" 이렇게 말하는 경우가 있는데 부자연스럽습니다. 글로 쓸 때는 괜찮을 수 있지만, 말로 할 때는 "---- 때문에 감사합니다", "----을 해 주셔서 감사합니다"로 하는 게 좋습니다.

전자를 일컬어 문어체적 표현이라 합니다. 우리가 오랫동안 사용해 온 개역한글판 성경이 상당히 문어체적인 표현을 많이 하다 보니 그 영향을 받아 그런 것으로 보입니다. 기도는 하나님과의 대화이자, 대표기도의 경우, 다른 신자들과 공유하는 것이기도 합니다. 자연스러운 게 좋습니다. 아버지 되시는 우리 하나님도 자연스럽고 친근하게 기도하는 것을 더 원하시지 않을까요?

33. 더러워지는 지

새번역판 학개 2 : 13을 보면 다음과 같습니다.

학개가 또다시 시체에 닿아서 더러워진 사람이, 이 모든 것 가운데

서 어느 것에라도 닿으면, 그것이 더러워지는 지를 물어 보니, 제사장
들이 그렇다고 대답하였다.

여기에서 "더러워지는 지"는 잘못된 표기입니다. "더러워지는지"로
적어야 합니다. '지'가 불완전 명사가 아니라 'ㄴ지'라는 어미의 일부
이기 때문이지요.

"내가 세상에 더러워진 지 30년이나 되었다"고 할 경우에는 시보리
이므로 띄어쓰는 게 맞습니다만, 위의 경우는 붙여야 합니다. 표준국
어대사전의 설명을 보입니다.

지

「의존명사」

((어미 '-은' 뒤에 쓰여)) 어떤 일이 있었던 때로부터 지금까지의 동
안을 나타내는 말.

• 그를 만난 지도 꽤 오래되었다./집을 떠나온 지 어언 3년이 지났
다./강아지가 집을 나간 지 사흘 만에 돌아왔다.

【〈디〈석상〉】

-ㄴ지

「어미」

1. (('이다'의 어간, 받침 없는 형용사 어간, 'ㄹ' 받침인 형용사 어간
   또는 어미 '-으시-' 뒤에 붙어))막연한 의문이 있는 채로 그것을
   뒤 절의 사실이나 판단과 관련시키는 데 쓰는 연결 어미.

   • 얼마나 부지런한지 세 사람 몫의 일을 해낸다.

2. (('이다'의 어간, 받침 없는 형용사 어간, 'ㄹ' 받침인 형용사 어간

또는 어미 '-으시-' 뒤에 붙어)) 해할 자리나 간접 인용절에 쓰여,
막연한 의문을 나타내는 종결 어미.
• 아버님, 어머님께서도 안녕하신지.
「참고 어휘」 -는지; -던지; -은지04.

34. 인자 밖에는

하늘에서 내려온 이 곧 인자 밖에는 하늘로 올라간 이가 없다.(요 3 : 13)

그들이 외쳤다. "없애 버리시오! 없애 버리시오! 그를 십자가에 못박
으시오!" 빌라도가 그들에게 말하였다. "당신들의 왕을 십자가에 못박
으란 말이오?" 대제사장들이 대답하였다. "우리에게는 황제 폐하 밖에
는 왕이 없습니다."(요 19 : 15)

위에 제시한 새번역판 성경에서 "인자 밖에는", "폐하 밖에는"은
잘못된 표기입니다. 이 경우의 '밖에'는 명사로 쓰인 게 아니라 '그것
말고는', '그것 이외에는'의 뜻을 나타내는 말 즉 조사로 쓰였기 때문
입니다. 표준국어대사전을 보이면 다음과 같습니다.

밖에
「조사」
((주로 체언이나 명사형 어미 뒤에 붙어))
'그것 말고는', '그것 이외에는'의 뜻을 나타내는 말. 반드시 뒤에 부
정을 나타내는 말이 따른다.

• 공부밖에 모르는 학생/하나밖에 남지 않았다./나를 알아주는 사람은 너밖에 없다./가지고 있는 돈이 천 원밖에 없었다./떨어져 봤자 조금 다치기밖에 더하겠니?

35. 영원무궁 하도록

영원무궁 하도록 살아 계셔서 그 보좌에 앉아 계신 분께, 그 생물들이 영광과 존귀와 감사를 드리고 있을 때에(계 4 : 9)

위 새번역판 성경에서 "영원무궁 하도록"의 표기는 잘못입니다. 붙여야 합니다. 표준국어대사전에도 '영원무궁하다'라는 단어가 올라가 있습니다.

> **영원무궁-하다** (永遠無窮--) [영： -----]
> 「형용사」
> 영원하여 끝이 없다.
> • 우리의 우정은 영원무궁할 섯이다./이들의 충성심은 영원무궁하리라.
> 「비」영영무궁하다.

36. -로서 / -로써

개역개정판에서는 여호수아 제24장 32절에 나오는 '크시타'라는 말에 각주를 달아주면서 다음과 같이 적고 있습니다.

크시타는 옛 무게 단위로써 정확한 중량은 불분명하다

이는 잘못된 표기입니다. '단위로서'라고 적어야 맞습니다. '-로써'와 '-로서'는 각기 그 쓰임이 다른 조사입니다. '-로써'는 '도구격 조사'이고, '-로서'는 '자격격 조사'로서 구별해야 합니다. 표준국어대사전의 풀이를 보이면 다음과 같습니다.

로써
「조사」
((받침 없는 체언이나 'ㄹ' 받침으로 끝나는 체언 뒤에 붙어))
1. 어떤 물건의 재료나 원료를 나타내는 격 조사. '로07「4」'보다 뜻이 분명하다.
   • 쌀로써 떡을 만든다.
2. 어떤 일의 수단이나 도구를 나타내는 격 조사. '로07「5」'보다 뜻이 분명하다.
   • 말로써 천 냥 빚을 갚는다고 한다./꿀로써 단맛을 낸다./대화로써 갈등을 풀 수 있을까?/이제는 눈물로써 호소하는 수밖에 없다.
3. 시간을 셈할 때 셈에 넣는 한계를 나타내는 격 조사. '로07「10」'보다 뜻이 분명하다.
   • 고향을 떠난 지 올해로써 20년이 된다./시험을 치는 것이 이로써 일곱 번째가 됩니다.
「참고 어휘」으로써.

로서

「조사」

((받침 없는 체언이나 'ㄹ' 받침으로 끝나는 체언 뒤에 붙어))

1. 지위나 신분 또는 자격을 나타내는 격 조사.
   • 그것은 교사로서 할 일이 아니다./그는 친구로서는 좋으나, 남편감으로서는 부족한 점이 많다./언니는 아버지의 딸로서 부족함이 없다고 생각했었다.
2. (예스러운 표현으로) 어떤 동작이 일어나거나 시작되는 곳을 나타내는 격 조사.
   • 이 문제는 너로서 시작되었다.

「참고 어휘」으로서.

37. 네 영혼이 잘됨 같이

"사랑하는 자여 네 영혼이 잘 됨같이 네가 범사에 잘되고 강건하기를 내가 간구하노라"(요삼1:2)

어느 교회 목사님이 이 말씀을 근거로 소위 삼중축복론을 주장한 적이 있습니다. 아직도 이 말씀을 오해하는 듯해서 거론합니다. 삼중축복론에서는 이 말씀을, 우리가 예수님을 믿어 구원받아 영혼이 잘되면, 범사에 잘되고 육체적으로 건강해지는 복을 받는다고 가르칩니다. 영혼이 잘되는 복을 받으면 자동으로 나머지 두 가지 복(다분히 현세적인!)을 받는다는 것이지요. 참 솔깃해지는 말입니다. 그래서 수많은 이가 거기 빨려들었고 지금도 매력을 느끼고 있는 것이지요.

하지만 과연 그럴까요? 아닙니다. 국어 실력이 조금만 있어도 이런 오해는 하지 않습니다. 왜냐하면 이 대목은 '희망 사항', 발신자인 요한이 수신자인 가이오에게, 네가 그렇게 되었으면 좋겠다, 그러기를 바란다는 것이지, 네 영혼이 잘되었으니 자동으로 범사에도 잘되고 몸도 건강해질 것이라고 선언하는 게 아닙니다. 그런데 어느 교회 목사님은 지나친 해석을 했던 것이지요. 소원 또는 희망사항을 기정사실화하고, 요한의 희망을 하나님의 약속으로 둔갑시킨 것이지요.

성경주석 가운데 믿음직하다고 소문난 《국제성서주석》을 보면, 이 표현이 그 당시의 공식적인 것이었다고 합니다. 수신자들의 행복과 건강을 비는 공식적인 소원의 말이었다는 것이지요. 그 대목을 그대로 인용해 보이면 이렇습니다.

이와 같은 소원은 옛날의 개인 서신의 서두에서 흔히 볼 수 있다. 예를 들어…(중략)…기도를 가리키는 것은 아니고 오히려 전형적인 서신 문체에 일치되는 소원이다.

한마디로, 편지 쓸 때면 누구나 의례적으로 했던 말을, 마치 하나님의 말씀으로, 약속의 말씀으로 과잉 해석해 가르쳤던 것이지요. 공부하지 않고 목회자의 입만 바라보는 신자들은 그 주장을 의심없이 받아들였고 지금도 그 영향이 남아 있는 것이지요.

38. '말라기'의 발음

구약성경 마지막 책의 제목이 '말라기'입니다. 그런데 그 발음을 이상하게 하곤 합니다. '말라끼'라 하는 것이지요. '출애굽기', '신명기', '사사기', '룻기', '욥기'……아마도 이 영향이 아닌가 싶습니다.

하지만 이는 잘못입니다. 위에 든 성경책들에 나오는 '기'는 기(記) 즉 '기록할 기(문체 이름 기)'자로서, 각각 '출애굽에 대한 기록', '거듭해 명령을 주신 기록', '사사들에 대한 기록', '룻에 대한 기록', '욥에 대한 기록'이지만, '말라기'는 그 자체가 사람 이름이지 '말라에 대한 기록'이 아니기 때문입니다.

IV.
예식 관련 용어

1. 성찬식의 떡과 포도주

　이스라엘 지역의 주식이었던 빵과 포도주. 우리로서는 밥과 숭늉. 가능하면 약밥이나 수정과로 바꾸면 어떨까 하는 발칙한 상상을 하곤 합니다. 그랬더니 걱정들 하는 말. 약밥을 먹으면 손 씻는 게 귀찮다나요?
　술을 입에도 안 대는 아이들이 성찬식 시간에 공포심을 가지고 있다는 사실, 알고들 계시는지요? 포도즙 즉 포도 쥬스를 이용하는 것도 하나의 대안입니다.

2. 아무개가 소천하셨습니다

　'소천(召天)'은 국어사전에는 없는 말입니다. 풀어 보면, '하늘로 부름'이라는 말입니다.
　누구나 아는 표현으로, "별세하셨습니다"라고 하든지, "하나님의 부름을 받으셨습니다(소천을 받으셨습니다)"로 했으면 좋겠습니다.

3. 미망인

　부인, 유족 등으로 바꿔야 합니다. 미망인(未亡人)은 마땅히 따라 죽었어야 하나 아직도 안 죽고 살아있는 사람, 이런 의미를 담은 말입니다. 전근대적이고 가부장제적인 분위기의 말입니다.

4. 삼우제

전통 제례에 있어서 하관 및 성분이 끝난 뒤 매일 새 묘소를 돌아보는 일을, 첫날은 초우 (初虞), 이튿날은 재우(再虞), 제3일은 삼우(三虞)라 하였습니다. 그래서 장례 제3일에 산소를 찾아가 살피고 돌보는 것을 삼우제라 합니다. '우제'는 헤아리고 염려하는 자세를 뜻하는 말입니다.

그리스도인은 무덤을 쓰고 초우나 재우를 하지 않습니다. 3일째 되는 날, '처음으로 살피기 위해 가는 일'을 합니다. 그러므로 '첫 성묘'라는 말로 표현하는 것이 좋습니다.

5. 영결식(永訣式)

영원히 이별하는 의식, 이 말이 영결식입니다. 죽음을 자는 것으로 아는 부활 신앙을 가진 기독교와는 어울리지 않습니다.

고별식, 장례예식 이런 정도로 표현하는 게 좋습니다.

6. 추도식

추도식(追悼式). 이 말에는 애도한다는 뜻이 들어있어 죽음을 천국행으로 즉 길례로 여기는 기독교와는 좀 거리가 느껴지는 어휘입니다.

추모식(追慕式), 이렇게 표현하는 게 더 좋습니다.

7. 자벽(自辟)

자벽이란 말은 교회의 회의에서 쓰는 말인데, 표준국어대사전의 풀이는 다음과 같습니다.

> 1) 회의에서 회장이 자기 마음대로 임원을 임명함.
> 2) 장관이 자기 마음대로 사람을 뽑아 벼슬을 시키던 일. 또는 그 벼슬.

요즘에는 너무 어려운 말입니다.
"지명, 임명"으로 바꾸는 게 좋습니다.

8. 당회장

'당회장'은 당회를 구성한 교회를 담임하는 목사의 직무 가운데 한 부분인 조직과 임면, 법적 대표권, 회의의 사회와 결재, 감독과 권징 등 법적, 정치적 분야를 이끌어 가는 행정상의 신분을 일컫는 표현입니다. 당회를 구성하지 못한 교회의 담임목사를 '직원회 의장'이라 하지 않습니다. 당회를 구성한 교회의 시무 장로라 할지라도 '당회서기'나 '당회원'이라 하지 않습니다. '담임목사'는 한 교회에 대한 모든 책임을 진 사역자로서 당회장의 권한을 포함해 예배와 예전·예식을 집례하고 설교·교육·심방·상담 등 목양의 직무를 아우르는 포괄적 직무를 일컫는 말입니다.

그러므로 당회장이란 명칭은 행정 문서나 법적인 절차를 진행할 때가 아니면 쓸 필요가 없습니다. '위임'이란 교회의 머리이신 예수 그리스도께서 목양의 임무를 맡기셨다는 사명의 자각으로 담임목사가 해당 지교회에서 정년까지 시무한다고 헌신을 약속하며. 지교회는 예수 그리스도께서 보내신 사역자를 믿음으로 받아들여 정년까지 미수토록 보장하겠다고 순종을 약속함으로 그리스도께서 목사에게 주신 일체의 권한을 정년까지 맡기는 절차입니다.

담임 목사로서 더 무거운 책임을 맡은 것이지 직위나 호칭이 달라지는 것이 아니기에 내부적 합의와 기록으로 남겨두는 것 외에 주보의 표지나 명함들의 대외적인 부서에 표기할 필요는 없습니다. 교인들에게도 담임목사란 칭호가 훨씬 더 관계적이며. 교인이 담임목사를 직접 부르거나 공중 기도를 하면서 지칭할 때에는 '담임목사' 아니면 목사가 한 분일 때에는 '우리 목사님'이라 부르는 것이 자연스럽고 친근하게 느껴집니다.

당회를 진행하거나 회의록 상의 서명이 아니면 교회의 대내외적인 모든 문서표기나 호칭은 '담임목사'로 해야 합니다.

담임목사를 당회장, 당회장 목사라고 지칭하는 경우가 많습니다. 하지만 당회장이란 말은 교회에서 모이는 회의중 당회의 의장을 일컫는 말입니다.

회의 석상이 아니면, 담임목사로 표현하면 족합니다. 이 말이 맞다면 '당회 서기'라는 말도 해야 할 일입니다.

9. 이 예식을 위해서 양가 모친께서 촛불을 밝혀주시 겠습니다

결혼식에서 자주 듣는 말인데 어색합니다. 양가 모친이면 예식의 혼주인데, 이들이 혼례를 위해 촛불을 밝혀주다니? 안될 일입니다.

"양가 모친의 화촉 점화가 있겠습니다."

이러면 자연스럽습니다.

10. (축도에서)-하기를 성부 성자 성령의 이름으로 기 도하나이다

어느 여자 목사님이 자신이 섬기는 교회 신자의 혼례에서 축도한 내용입니다. 축도를 이렇게 하다니! 경악할 따름입니다.
축도가 무엇인지, 어떻게 하는 게 성경적인지 재교육을 받아야 할 일입니다.

"-할지어다"
"-하기를 간절히 축원하나이다"

이러면 될 일입니다.

11. 죽음을 일컫는 말들에 대한 기독교적 검토

교회에서, 사람이 죽었음을 표현하는 말들이 몇 가지 있습니다. 타계하다, 영면하다, 유명을 달리하다, 소천하다 등이 그것입니다. 장례예배도 영결예배로 부르기도 합니다. 과연 이런 표현들이 적합한지 따져볼 필요가 있습니다.

첫째, 소천(召天)하였다는 말. 이를 직역하면 하늘로부터 불렀다는 말입니다. 그러니 누가 죽은 것을 '아무개님이 소천하셨습니다'라고 하면, '아무개님이 하늘로부터 부르셨습니다.'라는 능동문 되어 이상한 말이 됩니다. '아무개님이 하늘로부터 부르심을 받았습니다'라는 뜻이 되려면, "아무개님이 소천받으셨습니다. 혹은 아무개님이 소천당하셨습니다. 혹은 아무개님이 하나님의 부름을 받으셨습니다"로 바꾸어야 자연스런 어법입니다.

둘째, 영면(永眠)하였다는 말. 영원히 잠들었다는 말인데, 부활을 교리로 믿고 있는 기독교와는 거리가 있는 표현입니다. 성경상으로 보면 우리가 죽는 것은 잠시 잠드는 것일 뿐 영원히 잠자는 것은 아닙니다. 이와 연관해서, 영결예배라는 말도 문제가 있습니다. 영결이란 영원한 이별이라는 뜻인데, 언젠가 부활하여 다시 만날 것을 믿는 기독교인들로서는 영결이란 말은 부자연스럽습니다.

셋째, 유명(幽冥)을 달리하다, 타계(他界)하다는 말. 전래의 저승관념을 떠올리게 하는 표현들입니다. 우리 전통적인 관념에서는 죽어서 영원히 사는 곳은 저승이었습니다. 그곳은 지옥이나 천당의 분리가 이루어지지 않은 곳입니다. 막연한 의미의 저세상일 뿐입니다. 유명을 달리했다, 타계하였다는 말은 그런 곳으로 옮겨간 것을 나타냅니다. 하지만 성경상으로 보자면, 죽어서 우리가 가는 곳은 낯선 곳이라기보다는 창조주 하나님의 품이며, 우리의 본향입니다. 떠나왔던 곳으로 되돌아가는 것이 죽음입니다. 아울러 상가에서 "고인의 명복을 빕니다"란 표현도 자제해야 합니다. 어두운 저승세계에서 복되게 살라는 말이기 때문인데, 영원무궁한 나라에서의 삶을 믿는 기독교인들로서는 어색한 표현입니다. 죽는 순간 가야할 곳이 확정되는 것으로 믿는 기독교인들로서는 고인을 위해 기도할 것은 전혀 없으며, 오로지 유족에 대한 위로밖에는 없다고 해야 하기에 더욱더 이 말은 부자연스럽습니다.

전통적인 영혼관 및 내세관과 기독교와의 행복한 조화를 위해 고민해야 한다고 봅니다. 그래야 각자의 정체성이 드러나면서 좀더 우리의 문화가 풍부해진다고 보기 때문입니다.

12. 기독교 장례식의 특징

대학 은사님의 막내 아드님이 세상을 떴습니다. 대학을 마치고 육군 중위로 복무하다가 스물다섯 한창 나이에 불의의 차량 사고로 순직한 것입니다. 장례식 소식을 듣고 동작동 국립묘지에서 치르는 장례식에 참석하였습니다. 참으로 오랜만의 상면이었건만 피차 할 말을 잊은 채 묵묵히 식장으로 향하였습니다.

장례식은 고인들의 계급과 성명 소개, 기독교 · 천주교 · 불교의 종교 의식, 헌화, 다시 종교의식, 조포와 묵념, 묘지로의 운구, 이런 순서로 엄숙히 진행되었는데 상황이 상황이니만큼 종교 의식에서 받은 감동은 더욱 각별하였습니다.

"똑똑똑 또로로로로……."

스님은 목탁 소리와 함께 대승경전의 〈마하반야바라밀다심경〉을 암송하면서 부처님께 고인의 극락왕생을 빌었고, 신부님은 향로를 흔들어 연기를 풍기더니 무언가를 집어 뿌리는 시늉을 하며 천주님께 저들 영혼을 받아달라는 기도를 올렸습니다.

그런데 스님과 신부님간에는 공통점이 있었습니다. 처음부터 끝까지 제단 쪽을 바라보며 의식을 집전했습니다. 이미 죽어 한줌의 재가 된 저들을 향해서 염불도 하고 기도도 하는 자세였습니다.

하지만 기독교는 달랐습니다. 목사님은 죽은 이들이 아닌, 살아있는 가족들을 바라보며 집례하였습니다. 그리곤 낭랑한 음성으로 성경을 읽는 것이었습니다. 불교나 천주교 같은 그 어떤 인위적 행위도 배제한 채 오직 말씀, 생명의 주인이신 주님의 말씀, 주님의 약속만을 힘있게 선포하는 거였습니다.

"헛되고 헛되며 헛되고 헛되니 모든 것이 헛되다"라는 전도서의 말씀은 우리 인생의 유한함과 허무성을 일깨워 주었고, "나는 부활이요 생명이니 나를 믿는 자는 죽어도 살겠고, 살아서 믿는 자는 영원히 죽지 아니한다"는 요한복음의 말씀은 부활과 생명의 소망을 안겨주었습니다.

집에 돌아오면서 다시금 곰곰히 생각해 보았습니다. 우리가 믿는 기독교의 특징에 대해서 말입니다. 말씀의 종교요, 과거보다 현재와 미래를 지향하는 종교라는 사실에 대해서 다시금 생각해 보았습니다.

13. 가톨릭의 연도

서강대 교육대학원에 다니고 있는 수녀와 졸업생이 다녀갔습니다. 이런저런 이야기를 나누다가, 제사 문제가 나오면서, 죽은 영혼을 위한 의식 면에서 가톨릭과 개신교간에 재미난 차이가 있다는 것을 알았습니다.

가톨릭에서는 사람이 죽으면 성인만 빼놓고 모두 그 영혼이 연옥으로 간다고 믿는답니다. 성인은 주님을 믿을 뿐만 아니라 그 말씀대로 살아 죄를 없이하면서 생활하였기에 하나님을 대면할 수 있어 바로 천국으로 가지만, 모든 사람은 알고 지은 죄, 모르고 지은 죄가 있어, 하나님을 바로 볼 수가 없기에 연옥으로 간다는 겁니다.

일단 죽으면 더 이상 죄를 없애기 위한 어떤 노력도 할 수 없기에, 자손들이나 남이 그 영혼의 죄를 위해, 천국행을 위해 기도를 올려야 한다고 생각한답니다. 그것이 바로 연도(煉禱)랍니다. 죽은 이의 영혼을 위해 산 자의 기도가 필요하다는 점에서 불교와 천주교는 같은 셈입니다. 불교에서도 사람이 죽으면 그 영혼이 바로 극락이나 지옥으로 가지 못하고, 허공을 떠돌다가, 산자가 49재를 지내면 그 일곱차례의 재를 통해 그 영혼의 상태가 점점 변화되어 마침내 극락이나 다른 세계에 안착한다고 믿기 때문입니다.

그런데 가톨릭은 불교와도 달랐습니다. 불교는 49재를 지내면 그 영혼이 어딘가 안착한다고 믿는데, 가톨릭에서는 그 영혼을 위해 제사때마다 계속해서 연도를 드린답니다. 과연 상례기간 중에 연도를 드렸다 해서 그 영혼이 천국으로 갔다는 보장이 없기 때문이라는 것입니다. 그러니 계속해서 연도는 필요하답니다.

그래서 내가 물었습니다.

"그럼 자손이 없이 죽은 사람의 영혼을 위해서는 빌어줄 사람이 없는 것 아닌가?"

그랬더니, 걱정할 것 없답니다. 평소 식기도할 때, 밥 먹고나서 드리는 기도에 이런 내용을 꼭 넣고 있다는 겁니다.

"지금까지 마련해 주신 모든 은혜에 감사하나이다. 주님의 이름으로 찬미를 받으소서. 죽은 모든 교우들의 영혼이 하나님의 자비하심으로 평화의 안식을 누리게 하소서. 아멘"

그러고 보면, 기독교는 가톨릭에 비해 참 단순합니다. 한번 십자가에 달린 주님을 믿기만 하면, 원죄는 물론 과거의 죄, 현재의 죄, 미래의 죄까지 다 사함받아 구원받는다고, 천국간다고 가르치며 믿고 있기 때문이지요. 그래서 기독교를 종교라 하지 않고, "복음(福音)"이라 하는가 봅니다. 그 점을 다시 한번 느낀 기회였습니다. 내 졸업생의 말대로, 너무 쉬워서 믿기 어려울 정도로 말입니다.

14. 어느 교회 임직 및 은퇴 감사예배에서 쓰인 표현들의 문제점

1) 기원기도(담임목사) : 이 예배가 하나님께 영광이 되고 → 하나님께 영광을 돌리고

2) 만군의 사랑하시는 하나님 → 저희를 사랑하시는 만군의 하나님 (사랑하옵는 만군의 하나님)

3) 당신의 종들 머리 위에 → 주님의 종들 머리 위에

4) 하나님의 몸된 교회 → 주님의 몸된 교회

5) 주님 기뻐하시는 일을 나타나게 해 주옵소서 → 주님 기뻐하시는 일을 하게 해 주옵소서

6) 성경봉독(노회부서기) : 20절 이하에서 23절까지 → 20절에서 23절까지

7) 설교(증경총회장) : 이 시간에 강론해 주실 분은 아무개 증경총회장께서 강론해 주시겠습니다 → 이 시간 강론은 아무개 증경총회장님께서 해 주시겠습니다(이제 아무개 증경총회장님 나오셔서 하나님 말씀을 강론하시겠습니다)

8) 오늘 본문은 바울 사도가 밀레도에서 장로님들을 모여 놓고 하신 말씀 → 모아 놓고

9) 집사들의 자격을 명기되어 있는 → 집사들의 자격이 명기되어 있는

10) 기념패 증정(담임목사) : ○○년 ○월 ○일 ○○교회 담임 ○○○ 목사 → ○○교회 담임목사 ○○○

11) 축시(미술협회 아무개 목사) : 시라고 할 수 없었음. 시는 율문이어야 하는데 거의 산문에 가까웠음. 격려사라고 해야 어울림.

12) 광고(임직자 대표 아무개 장로) : 진심한 감사를 드립니다 → 진심으로 감사드립니다.

13) 참석해 주심도 감사 → 참석해 주셔서 감사(참석해 주신 데 대하여 감사)

14) 많은 감회를 느낍니다 → 감회가 많습니다.

15) 축전 보내주신 분들의 이름은 거론하지 않겠습니다 → 이름은 일일히 말씀드리지 않겠습니다.

16) 축도 : 십자가에서 고통당하시며 우리를 죄악에서 건져주신 예
    수 그리스도 → 고통당하심으로

15. 보혈의 피

성찬식을 집례하면서 "보혈의 피"라는 표현을 쓰기도 하는데 중복
표현입니다.

보배로운 피 또는 보혈, 이래야 정확한 표현입니다. 보혈의 피는 보
배로운 피의 피, 이런 말이 되기 때문입니다. 동어반복이랄까 의미 중
첩이니까요.

16. 마지막 / 이혼

결혼식은 장례식과는 달리 매우 좋은 예식입니다. 전통적인 용어로
는 길례(吉禮)입니다. 이렇게 좋은 날에는 좋은 말만 해야 합니다. 그
래서 상을 당한 사람 즉 초상 중에 있는 사람은 남의 결혼식에 가지도
않았습니다. 그게 우리 전통입니다.

이렇게 좋은 날에 금해야 할 말들이 있습니다. '마지막'이니 '이혼'
이니 하는 말이 그것입니다. 목사님들의 주례사를 듣다가 소스라치게
놀라는 대목이 이것입니다.

주례사를 마치면서 '끝으로'라고 표현하면 충분할 텐데, '마지막으
로'라고 말하는 경우가 많은데 듣기 거북합니다. '마지막'이란 말은

정말 아꼈다가, 세상 마지막날이라든가 더 잘 어울릴 때 사용하는 게 좋겠습니다. 특히 성경에 익숙한 기독교인들에게 '마지막'은 주님의 재림이나 마지막 심판 같은 게 연상되는 다분히 종말론적인 연상을 하게 하는 말이니 조심했으면 합니다. '마지막'을 남용하면 정말로 마지막에 대한 메시지를 전할 때 무감각해질 수도 있을 테니까요.

또 하나, 그냥 행복하게 살라고 하면 될 것인데, 그런 긍정적인 말 해주기에도 모자라는 그 시간에, 굳이 "우리나라는 세계에서 이혼률이 1등"이라는 이야기를 왜 해야 하는지 알다가도 모를 일입니다. 물론 경각심을 불러일으키기 위한 마음에서 하는 이야기이겠지만 그런 것은 설교시간에 할 일이지 결혼식에서 신랑신부과 하객들 앞에서 할 말은 아니라고 봅니다.

이웃나라 일본에서는, 특정한 예식에서는 절대로 사용해서는 안 되는 금기어 목록이 만들어져 있다고 합니다. 이런 것은 우리가 본받아야 하리라 생각합니다.

V.
찬송·복음송 용어

1. 찬송가의 어려운 말들

(2006년 발행 '새찬송가'를 대상으로 삼음)

〈1장〉아멘 : '그렇게 되기를 원합니다', '그 말에 동의합니다'라는 말.

〈2장〉聖三位(성삼위) : 성부 성자 성령 세 분 하나님을 일컫는 말.

〈5장〉主(주) : 주인. 하나님을 우리의 '주인'으로 표현함으로써 우리는 그분의 종으로 고백하는 의미를 담고 있음. 전통 사회에서, 종은 주인의 뜻에 따라 움직였으며 완전한 주인의 소유였음.

〈5장〉天地間(천지간) : 하늘과 땅 사이. 온 세상. 지구상.

〈8장〉屈伏(굴복) : 머리를 숙여 무릎 꿇어 엎드림). 이와 유사한 말인 '屈服'은 '힘이 모자라 복종함'이란 뜻을 지니고 있어 다름. 天軍(천군) : 하늘의 군사 즉 하나님이 부리시는 군사. 우리 나라 역사에서는 천자의 나라인 중국에서 파견된 구원병을 '천군', '천병(天兵)'이라 불렀음.

〈8장〉三位一體(삼위일체) : 성부 성자 성령 세 분의 하나님이 한분으로 계신다는 기독교 교리를 나타내는 말.

〈8장〉主님(주님) : 주인님. 하나님을 우리의 '주인님'으로 표현함으로써 우리는 그분의 종으로 고백하는 의미를 담고 있음. 전통 사회에서, 종은 주인의 뜻에 따라 움직였으며 완전한 주인의 소유였음.

〈9장〉잇대어 : 서로 잇닿게 하여

〈26장〉救贖(구속) : 돈을 지불하고 종의 상태 혹은 죄인의 상태에서 벗어나게 해 줌. 이와 같은 발음인 '拘俗(구속)'은 '마음대로 못하게 얽어맴'의 뜻임.

〈26장〉 **試驗(시험)** : '테스트'가 아니라 '유혹(temptation)'의 뜻임.

〈32장〉 **人子(인자)** : 직역하면 '사람의 아들'이나, 신학적으로 '하나님이시나 사람의 아들로 오신 예수 그리스도'를 뜻하는 말임. '仁慈(인자)'가 아님.

〈35장〉 **福音(복음)** : 복된 소식. 영어의 'good news'를 옮긴 말로서, 예수 그리스도만 믿으면 구원을 받기 때문에, 기독교의 가르침은 가장 기쁘고 복된 소식임을 나타내는 말임.

〈44장〉 **安息標(안식표)** : '안식할 수 있도록 보장하는 표'로서 '안식일'을 문학적으로 나타낸 말. '標'는 영어 찬송가에 "emblemm(상징) of eternal rest"로 되어 있음.

〈49장〉 **十一條(십일조)** : 소득의 10분의 1을 하나님의 것으로 구별해서 드리도록 되어 있는 규정.

〈65장〉 **할렐루야** : '여호와(하나님)을 찬양하라'는 말.

〈65장〉 **患難(환난)** : 근심과 재난. 발음이 비슷한 '換亂(환란)은 '외환보유액 즉 달러의 부족으로 말미암은 경제적 혼란'을 뜻하는 말임.

〈67장〉 **强健(강건)** : 몸이 튼튼하고 굳셈. 발음이 같은 '康健(강건)'은 '건강'의 높임말. 질그릇 같이 軟弱한 人生 主 依支하여 늘 強健하리 創造主 保護者 또 우리 救主 그 慈悲 永遠히 變함 없어라. -아멘

〈67장〉 **穹蒼(궁창)** : 높고 푸른 하늘.

〈67장〉 **造化(조화)** : 천지 만물을 창조하고 주재하는 일. 사람의 힘으로는 어떻게 된 것인지 알 수 없을 만큼 야릇하거나 신통한 일. 발음이 같은 '調和'는 '서로 잘 어울림'이란 뜻을 지닌 말. 영어 찬송가에서는 "Thy bountiful care(관대한 돌보심)"으로 되어 있음.

〈82장〉 **임마누엘** : '하나님이 우리와 함께 계시다'는 말.

〈83장〉 시온 : '예루살렘'의 별칭. 신약에서는 '하나님의 도성'을 상징하는 용어로도 사용함.

〈86장〉 미쁘신 : 믿음성이 있는. 미더운.

〈88장〉 苦樂間(고락간) : 괴로움과 즐거움의 사이.

〈95장〉 眞正(진정) : '참으로, 바로'라는 부사로 쓰인 말. 발음이 같은 '眞情'은 '거짓이 없는 참된 정이나 애틋한 마음'으로서 명사로만 쓰임.

〈101장〉 先知(선지) : '先知者(선지자)'의 준말. '선지자'는 세상 일을 남보다 먼저 깨달아 아는 사람. 기독교에서는 '예수가 나기 전에, 예수의 강림과 하나님의 뜻을 예언한 사람'을 가리킴.

〈108장, 114장〉 六畜(육축) : 여섯 가지 가축.

〈112장〉 峻嶺(준령) : 높고 가파른 고개.

〈116장〉 乳香(유향) : 유향나무의 줄기에 상처를 내서 채취한 수지로서 약재로 쓰임. 비금속 원소로서 성냥이나 화약 만드는 재료인 '유황(硫黃)'과는 전혀 다름.

〈123장〉 노엘 : 예수의 탄생을 기뻐하는 성도들의 확신에 찬 외침임.

〈130장〉 保惠師(보혜사) : 보호하며 은혜를 베풀어주는 스승 같은 분 즉 '성령'을 일컫는 말.

〈132장〉 奇事(기사) : 기이한 일. 발음이 같은 記事(기사)는 '기록된 사실' 또는 '어떤 사실을 적은 글'임.

〈141장〉 호산나 : '구원하소서'라는 말.

〈146장〉 못 박혀 : 우리나라에 개신교가 처음 들어왔을 때, 초창기 교인들 가운데는 이 '못 박혀'를 '연못에 박혀'로 오해한 경우도 있었

다고 함. 글을 읽어서 이해한 게 아니라 들어서만 이해하는 과정에서
얼마든지 일어날 수 있는 오해임.

〈148장〉糞土(분토) :썩은 흙.

〈188장〉印친(인친) : 도장 찍은.

〈199장〉兵車(병거) : 전쟁에 쓰는 수레.

〈209장〉施恩所(시은소) : '恩惠를 베푸는 곳' 즉 '교회' 또는 '천국'
을 나타내는 말.

〈243장〉役事(역사) : 토목이나 건축 따위의 공사. 영어 찬송가에는
"Thy work", 영어 성경에는 "operation"으로 되어 있음. 이 말과 발음
이 같은 '歷史'는 'history'이니 구별해야 함.

〈246장〉가난 :'가나안'의 준말. 福地(복지) : 복스러운 땅. 발음이
같은 '福祉'와 구별해야 함.

〈272장〉이生 : 이승.

〈278장〉宴樂(연락) : 잔치를 베풀고 즐기는 일. 발음이 같은 '連絡'
이 아님.

〈314장〉世上樂(세상낙) : 世上의 즐거움.

〈353장〉贖良(속량) : 일정한 대가를 치르고 종의 신분에서 벗어남.

〈421장〉定罪(정죄) : 죄가 있는 것으로 판정함.

〈424장〉頑惡(완악) : 성질이 억세게 고집스럽고 사나움.

〈435장〉基業(기업) : 조상 때로부터 이어오는 재산과 사업. 발음이
같은 '企業'은 '영리를 목적으로 경영하는 事業'을 말함.

〈441장〉神癒(신유) : 하나님의 능력으로 병이 치유되는 일.

〈445장〉險谷(험곡) : 험한 골짜기.

〈450장〉取할(취할) : 가지거나 골라잡다. 술에 취한다는 '醉할'이

아님. 영어찬송가에 "desire"로 되어 있음.

〈453장〉 代贖(대속) : 남의 죄나 고통을 대신하여 자기가 당함.

〈488장〉 하나님 殿(전)에 : 하나님의 집에서. '하나님 前'이 아님. 영어 찬송가에 "before the throne(왕좌)"이라고 되어 있음.

〈502장〉 使者(사자) : 심부름꾼. 발음이 같은 '獅子'가 아님.

〈527장〉 못 받으시리요 : 받아들이지 못하시리요? 예수님을 십자가에 박을 때 사용한 '못'으로 이해해서는 안됨.

〈559장〉 고이시고 : 사랑하시고.

559 同氣(동기) : 형제 자매를 통틀어서 일컫는 말. 발음이 같은 '同期'가 아님.

〈559장〉 붙어잇고 : 끊이지 않고 붙어 이어지고. '붙어 있고'가 아님.

〈564장〉 淨(정)한 보배 : 깨끗한 보배. 발음이 같은 '定한'(정해 놓은)으로 이해하면 안됨.

〈587장〉 燒滅(소멸) : 불에 태움. 발음이 같은 '消滅'이 아니라 '燒滅'임. 영어찬송가에서도 "in the fire"라고 표현하였음.

〈593장〉 調和(조화) : 서로 잘 어울림. 영어찬송에 "harmoney"로 되어 있음. 발음이 같은 '造化'와 혼동해서는 안됨.

〈598장〉 발凳床(발등상) : 앉을 때 신발을 신은 채 올려놓는 받침대.

〈605장〉 오늘 모여 찬송함은---고와 낙을 함께하며 승리하게 하소서〉 苦(고)와 樂(낙) : 괴로움과 즐거움. '즐거울 락'으로 씌었으므로 두음법칙에 따라 '낙'으로 발음함.

〈636장〉 大蓋(대개) : '대강' '대충'의 뜻이 아니라, 영어의 'for'로서

'왜냐하면---하기 때문'의 뜻으로 쓰였음. 다시 말해, '대개' 이전의 간구를 하나님께 우리가 드릴 수 있는 이유는, 나라와 권세와 영광이 하나님 아버지께 영원히 있기 때문이라는 뜻임. 또는 '나라와 권세와 영광이 하나님께 영원히 있게 하기 위해서, 그런 목적으로' 이상의 간구를 드린다는 뜻임.

2. 거칠은 광야 위에

〈파송의 노래〉의 한 구절 '거칠은 광야 위에 꽃은 피어나고'----틀렸습니다. '거친 광야'가 맞습니다.

찬송가 가사는 검증 과정을 거쳐 상당히 정제되어 있으나, 복음송은 그런 과정이 없어서 그런지 다듬을 데가 많습니다. 국어 전문가가 들어도 괜찮을 만큼 우리가 부르는 찬송과 복음송의 가사가 수준이 높아져야 합니다. 이것도 우리가 수행해야 할 하나님의 문화 명령입니다.

3. 요행함도 내 뜻대로 못해요

〈내일 일은 난 몰라요〉의 한 구절. "불행이나 요행함도 내 뜻대로 못해요."에서 '요행함'이란 표현은 잘못입니다. '요행'은 동사가 아니라 명사이기 때문에 '요행함'이란 표현은 불가능합니다. '다행하다'는 동사이므로, '다행함'이라는 표현이 가능합니다만 '요행'은 아닙니다.

'다행함도' 또는 '행복도'라 표현해야 맞습니다. 음악상 음절수 맞추는 데 문제가 있다면 아예 바꾸어야 합니다. "불행함과 행복함도 내 뜻대로 못해요"로.

4. 아버지여 아버지여 주신 소명 이루소서

〈내일 일은 난 몰라요〉의 한 구절. "아버지여 아버지여 주신 소명 이루소서."에서 '주신 소명 이루소서'는 잘못입니다. '소명'의 국어사전에서의 풀이는 '사람이 하나님의 일을 하도록 하나님의 부르심을 받는 일'입니다. '소명'은 '주시는' 게 아니라, '받는' 것입니다. 하나님이 주시는 것은 '소명'이 아니라 '사명'이라고 해야 자연스럽습니다.

따라서 "아무개는 하나님의 소명을 받아 성직자가 되었다", "소명을 받들다", "하나님 아버지의 소명"이란 표현은 가능하지만, "하나님 아버지가 주신 소명"이란 표현은 어색합니다. "아버지여 아버지여 주신 사명 이루소서"가 좋습니다.

5. 예수 안에서 우리 화목됐네

복음송 〈예수 안에서〉라는 복음송에서 "화목됐네"는 문제가 있습니다. "화목하다"는 형용사로서, " 서로 뜻이 맞고 정답다"라는 말입니다. "이웃들과 화목하게 지내다/가정이 화목해야 모든 일이 잘되는 법이야"가 그 용례입니다. '화목됐네'라는 표현은 일상어에서 쓰지 않

습니다. '화목해졌네'라고 합니다. "예수 안에서 우리 화목하네"로 고
치든지 해야 합니다.

6. 금광같은 기쁨 우리 모두 기쁜 찬양하세

복음송 〈come on everybody〉라는 복음송 가사에서 "금광같은 기
쁨"은 다소 모호한 표현입니다. 성경에는 나오지 않는 말인데, '금광'
에는 두 가지가 있습니다.

하나는 '금빛'이고 또 하나는 '금광(金鑛)' 즉 '금이 들어있는 광맥
(鑛脈)'입니다. 이 복음송에서의 의미는 두 번째일 것입니다. 그렇다
면 '금광을 발견한 것 같은 기쁨'이라는 뜻으로 쓴 가사일 텐데, 지나
치게 축약되어 있어, 모호한 구절이 되어 있습니다. 원래의 문맥을 드
러나게 고치거나 아니라면 '금빛'으로 고쳐서 의미가 분명하게 해야
합니다.

7. 창자'욱' / 발자'욱'

복음송 〈주님 가신 길〉에서 "굵은 창자욱"은 잘못입니다. '굵은 창
자국'으로 해야 합니다. 다른 찬송가와 복음송에 나오는 '발자욱'도
마찬가지입니다. '발자국'입니다.

8. 화목제로 보내셨도다

복음송 〈서로 사랑하자〉에서 "우리를 살리게 하시려 화목제로 보내셨도다"는 잘못입니다. '화목제'는 '화목을 목적으로 드리는 제사'인데, 예수님이 제사일 수는 없습니다. '화목제물로 보내셨도다'라고 해야 맞습니다.

9. 부서지고 낮아져도

복음송 〈고백〉에서 "부서지고 낮아져도 당신 앞에 설 수 없었어요."는 잘못입니다. "부숴지고"입니다. '부수다'가 원형이고 그 부사형은 '부수어(부숴)'이기 때문입니다.

10. 걸음마다 자'욱'마다

찬송가 308장 〈내 평생 살아온 길〉에서 "걸음마다 자욱마다"는 잘못입니다. 현행 맞춤법으로는 '자국'이 맞으므로 '자국마다'로 고쳐야 합니다.

11. 약할 때 강함 주시네

복음송 〈주 나의 모든 것〉에 나오는 "약할 때 강함 주시네"는 문제가 있습니다. 우리가 일상생활에서 이런 표현을 하지 않습니다. "약할 때 강하게 하시네"라는 말은 해도 "강함 주시네"라고는 하지 않습니다.

찬송가는 곡조 있는 기도라고 합니다. 기도는 말하기입니다. 우리가 늘 쓰는 말이어야 합니다. 어색하면 안 됩니다. 따라서 이 대목은 "약할 때 강하게 하시네"로 바꾸어야 자연스럽습니다.

12. 눈을 들어 산을 보아라 너의 도움이 어디서 오나

복음송 〈눈을 들어 산을 보아라〉 이 노래는 시편 121편(개역한글판)을 이용해 만든 것입니다.

내가 산을 향하여 눈을 들리라 나의 도움이 어디서 올꼬 나의 도움이 천지를 지으신 여호와에게서로다 여호와께서 너로 실족지 않게 하시며 너를 지키시는 자가 졸지 아니하시리로다 이스라엘을 지키시는 자는 졸지도 아니하고 주무시지도 아니하시리로다 여호와는 너를 지키시는 자라 여호와께서 네 우편에서 네 그늘이 되시나니 낮의 해가 너를 상치 아니하며 밤의 달도 너를 해치 아니하리로다 여호와께서 너를 지켜 모든 환난을 면케 하시며 또 네 영혼을 지키시리로다 여호와께서 너의 출입을 지금부터 영원까지 지키시리로다

이 성경을 이용하였기 때문에 복음송 가사도 유사합니다. 이 노래에서 눈여겨 보아야 할 대목은 "내가 산을 향하여 눈을 들리라 나의

도움이 어디서 올꼬 천지 지으신 여호와 나의 왕이여 영원무궁히 지키시리로다"와 "낮의 해와 밤의 달도 너를 해치 못하리"입니다. 일반적인 상식으로는 납득하기 어려운 내용입니다.

여기 나오는 산은 자연적인 산이라기보다는 문화적인 의미를 담은 공간입니다. 이방신을 섬기는 산당이 자리잡은 곳입니다. 가나안 원주민들의 신앙적인 공간이 그 산당이 있는 산이었습니다. 시인은 그곳을 보면서, 우리를 도와줄 분은 산당의 신이 아니라, 천지의 창조주 최고신인 여호와 하나님이라고 선포하는 대목이 시편 121편의 첫머리입니다. 이방인이 섬기는 신은 우상 즉 사람이 만들어낸 것, 헛것에 불과하지만 창조주 하나님은 그와 다르다는 확신이요 고백인 것이지요.

여기 나오는 해와 달도 자연물로서가 아니라 신격화하여 사람들이 섬기고 있는 자연신으로서의 해와 달입니다. 자연물로서의 해와 달은 사람에게 유익한 것이지 해를 끼치는 존재라고 보기 어렵습니다. 창조주 하나님을 믿으면 그분이 보호하시기에, 설령 태양신이나 달의 신이 있다 할지라도 감히 우리를 상하게 하거나 해를 입힐 수 없다는 신앙고백이 이 대목입니다. 하나님이 친히 우리를 눈동자처럼 보호하시니까!

13. 특송 전후의 인사

특송은 특별찬송의 준말입니다. 특송은 가족이나 구역원 또는 속회원들이 나와서 부르는 경우가 대부분입니다. 이때 노래를 시작하기 전이나 노래하고 나서 회중을 향해 허리를 굽혀 인사하기 일쑤인데 생각해 봐야 합니다.

찬송은 하나님한테 바치는 행위이지 사람들 들으라고 하는 것이 아닙니다. 그래서, 어떤 교회에서는 특송자나 찬양대와 반주자들이 회중을 정면으로 마주하지 않도록 하기도 합니다. 하나님을 찬양하면서 회중들이 노래하는 이의 얼굴이나 몸을 보는 것이 자연스럽지 않기 때문입니다. 찬양대의 찬양이나 특송은 모인 성도들을 대표하여 하나님께 영광을 돌려드리는 봉헌일 따름입니다. 이를 연주회나 발표회로 오해해서는 곤란하며, 그런 오해를 조장할 수 있는 자세나 행위는 하지 않아야 합니다.

14. 예배 시간의 광고나 환영

예배는 하나님께 성령과 진리로 엄숙하게 드려야 합니다. 이 예배에서 광고를 한다거나 방문객이나 새신자를 환영하는 것은 자연스럽지 않습니다. 꼭 필요하다면 예배 전이나 예배를 다 마치고 나서 해야할 일입니다. 예배 후에 하자는 것은, 축도를 마치고 나서 하자는 것입니다.

이미 오랜 관행으로 굳어져 있어 고치기가 쉽지는 않을 것입니다. 하지만 재고해야 할 일입니다.

15. 찬송가

중세기에는 일반 신도들은 찬송할 수가 없었습니다. 찬양대의 전유물이었으며 모두 라틴어 가사의 찬양뿐이었습니다. 라틴어 성경만이 존재했던 것과 마찬가지 형편이었습니다.

그러다가 종교개혁 이후, 각 나라의 언어로 만들어진 찬송가로 온 회중이 하나님을 찬양하며 예배할 수 있게 되었지요. 성경만 각 나라 말로 번역하여 누구나 읽을 수 있게 된 것이 아니라, 찬송가도 그렇게 개방된 것이 종교개혁이고 그래서 생긴 것이 개신교였고 지금도 그 전통은 이어지고 있습니다. 그런데 대부분의 찬송가가 외국 찬송을 번역한 것이라 아쉬운 감이 있습니다. 좀 더 한국적인 찬송은 불가능한 것일까요?

첫째, 서양식 찬송가에도 민족과 국가를 초월한 신앙의 보편적인 가치를 지니고 있을 것이므로, 엄연히 우리가 익혀서 불러야 하겠지만, 지금처럼 찬송가 책의 대부분을 서양식 찬송가가 차지하는 상황은 결코 바람직하지 않습니다. 요즘에 와서 우리나라 사람이 작곡했다는 찬송들도 여러 편 포함되었다고는 하나, 그마저 대부분 서양식 악곡으로 되어 있어 한국 찬송가로서의 개성은 약한 편입니다.

〈애국가〉의 악조 자체가 우리 전통 가락과는 거리가 있는 못갖춘마디의 노래 즉 약강조로 되어 있어, 우리말노래답지 않아, 부를 때마다 부자연스럽듯 찬송가가 그렇습니다.

초기와 달리 초등학교 때부터 서양식 7음계 교육을 받았음에도 불구하고, 찬송가를 부를 때 틀리게 부르기 일쑤입니다. 특히 반주가 없이 부를 때 그런 경우가 많습니다. 이런 상황을 타개하기 위해서는 한국적 찬송가를 많이 창작하여 포함할 필요가 있습니다. 서양식 찬송가를 완벽하게 부르지 못하는 한국인을 나무라거나 한국인 스스로가 자책할 게 아니라, 한국인이 편하게 부를 수 있도록 한국적인 찬송가를 만들어 더 많이 부르는 것이 바람직합니다.

둘째, 세계 개신교의 판도에서, 한국 개신교의 개성을 지니는 것이 한국을 위해서나 세계를 위해서 바람직하기 때문에 한국적 찬송가의 창작은 필요합니다. 이 문제와 관련해, 필자의 체험을 소개하고 싶습니다. 2002 월드컵 4강전 때였습니다. 우리나라와 독일이 겨루게 되었고, 양국 국가 연주 시간에, 원정 온 독일의 국가가 먼저 연주되는 순간, 나는 참으로 입장이 곤란해지는 느낌을 받았습니다. 개신교 신자인 내 귀에 들려오는 독일의 국가는 〈시온성과 같은 교회〉(새찬송가 210장)라는 찬송이었습니다. 물론 가사는 다르게 부르고 있겠지만, 악곡은 분명히 그것이었습니다. 대한민국 국민으로서는 당연히 대한민국의 승리를 기원하며 응원해야 하겠는데, 개신교 교인으로서, 똑같은 찬송가를 부르고 있는 독일 선수들을 보면서 참 당혹스러웠던 기억이 생생합니다.

만약 독일 개신교인이 우리나라에 와서 예배하다가 이 찬송을 우리가 부른다는 것을 알았다고 합시다. 어떤 반응을 보일까요? 동질감을 느끼는 측면도 있겠지만, 자기네 국가를 가져다 찬송으로 부르는 우리를, 찬송 하나도 창작하지 못해 남의 나라 국가에 가사만 붙여서 부르는 민족으로 여기지 않을까요? 초기에는 우리 찬송가를 만들 만한 역량도 여유도 없어 서양식 찬송가를 수입해다 쓸 수밖에 없었다 하더라도 이제 선교 120년도 더 된 지금까지 서양찬송에 의존하고 있다는 것은 부끄러운 일입니다. 세계 개신교 노래 문화의 다양성에 우리 민족도 무엇인가 기여해야 할 때가 되었습니다. 개신교 노래는 서양 노래가 아닙니다. 전 세계 모든 민족이 자기 문화로 복음과 신앙을 표현한 노래들의 총체가 개신교 노래입니다.

우리가 성리학을 받아들였으면서도 중국 성리학의 아류로 그치지 않고 율곡 이이의 경우에서 보듯 한 단계 진전된 성리학, 다른 말로 표현해 성리학의 토착화라는 학문적 성취를 이루었듯, 한국의 개신교도 그래야 합니다. 아쉽게도 개신교 신학의 경우, 훌륭한 목회자는 많아도 세계 개신교계에 영향력을 행사할 만한 신학자도 그런 저서가 없다고 하는데, 노래만은 우리가 노력하기에 따라 얼마든지 한국의 개성을 지닌 작품을 산출할 수 있다고 봅니다. 그 가능성을, 2006년 7월 20일부터 24일까지 열린 제19차 세계감리교대회 〈한국의 밤〉행사에서 있었던 이진주 원로전도사(1924년생)의 우리 민요식 찬송 부르기 실화를 통해 엿볼 수 있습니다.

세계대회 본부에서는 대회 기간 중 〈한국의 밤〉을 기획했고, 그 기회에는 한국, 한국문화, 한국 기독교를 세계인들에게 보여주려는 컨셉으로 준비했습니다. 그 과정에서 특송할 분을 물색하였고, 노래를 잘하며 외조부 때부터 믿는 가정에서 태어나 전도사로 일하는 이진주 전도사님이야말로 적당한 인물이다 싶어 모시고 준비를 하게 되었다지요. 처음에는 찬송가에 있는 그대로, 서양식 악곡으로 불렀는데, 참 잘하기는 했는데, 할머니답지도 않고, 한국인이 부르는 찬송같지가 않아, 한국 노래풍으로 부르게 했다지요. 그날 밤 집에 돌아간 이진주 할머니의 뇌리를 스치는 게 있었습니다.

33세, 세 딸을 둔 과부의 몸으로 전도사가 되어 처음으로 부임했던 정동제일감리교회에서, 당시 90세였던 어느 할머니가 교회당에 앉아 타령조로 부르던 〈구주 예수 의지함이〉 찬송 소리를 들으며, 너무도 우스워 배꼽 잡았던 기억이 떠올랐던 게지요. '옳거니, 그 가락으로 불러보자.' 이래서 자신의 애창곡인 〈나 같은 죄인 살리신〉(amazing grace)을 타령조로 불렀고, 준비하던 관계자 모두의 귀에도 흡족해, 〈한국의 밤〉 예배 때 2절까지 그 찬송을 그렇게 불러, 참석자들에게 감동을 주었다는 사연입니다. 그 찬송을 현장에서 들었던 어느 목사님의 표현으로는, 반주도 없이 부른 그 할머니의 찬송이 어찌나 은혜스러웠던지, 그 다음에 이어진 연합성가대의 꾀꼬리같은 찬양이 무색하기만 했다고 합니다.

역시 우리 것입니다. 세계화시대라고 하지만, 어쩌면 세계화시대이므로, 더욱 더 우리 문화, 우리 것, 다른 나라에는 없거나 부족한 것들을 계승하고 발전시켜서, 저들이 원할 때 내어놓고 보여주고 들려주고 그래서 저들을 기쁘게 하고, 피차 그런 노력이 필요한 시대가 21세기입니다.

세계감리교대회에서 있었던 이진주 전도사 실화는 우리 가락의 찬송만이 국제무대에서 한국 개신교의 차별성을 드러내고 인정받을 수 있지, 서양식 찬송가를 가지고서는 그럴 수 없다는 사실을 잘 증명합니다. 복음의 본질을 해치지 않는 범위에서 얼마든지 그 문화적인 부분은 한국화하는 노력이 필요하다고 생각합니다. 이진주 전도사는 곡조만 우리 것으로 바꾸어 불렀지만, 가사까지도 우리의 신앙고백이 담긴 찬송을 지어 부른다면 더욱 더 가치가 있을 것입니다.

VI.
기타 교회 용어

1. 교회

'교회'가 건물을 가질 수는 있지만 건물이 곧 교회는 아닙니다. 교회는 '하나님의 부르심을 입어 예수 그리스도를 구주로 믿는 이들의 공동체로서 곧 그리스도의 몸이며, 삼위일체이신 하나님을 경외하는 거룩한 공회'입니다. '교회'란 곧 구원받은 사람들의 모임에 대한 지칭이며, 공동체가 모여 '예배하는 자리'로서 세운 건물은 예배당입니다. 예수께서 피로 값을 치르시고 구원하신 것(고전6:20,벧전1:18-19)은 건물이 아닌 사람이며, 지체들의 연합인 '그리스도의 몸(엡1:22-23)'이란 곧 사람들로 이루어진 유기적 공동체입니다.

과거에는 예배하는 처소로서 단일 용도의 건물을 지었기에 예배당이라 하였고. 교회는 예배당과 따로 교역자 주택 · 교육관 등의 용도로 각각 별개의 건물을 지었습니다. 그러나 요즘은 단일 건물 안에 예배실만이 아니라 교육 · 친교 · 사무 · 거주 등의 공간을 복합적으로 배치하여 건축합니다. 이런 경우에도 건물의 주용도가 예배이기에 예배당이라 해도 무방하지만 교회당이라 해야 알맞은 표현입니다. 복합건물인 예배당이 2동 이상 있을 때에는 본당(본관)과 별관 또는 제1, 제2, 제3 등의 숫자로 표기하거나 의미를 부여한 별도의 이름을 붙여도 좋을 것입니다. 때때로 초청장이나 회의 소집 공문에 모임 장소를 '○○교회'라 쓴 것을 봅니다. 이런 경우 '○○교회당 예배실'로, 단일 건물안에 예배실이 둘 이상이면 '○○교회당 큰 예배실'이라 해야 맞고 일상의 언어로도 '교회 갑니다'가 아니라 '예배당 갑니다'라고 해야 좋습니다.

2. 기독교와 예수교

기독교 = 그리스도교

하나는 한자식 표현, 하나는 헬라어 그리스도를 반영한 표현일 뿐 두 말의 의미는 같습니다. 그런데도 우리나라에서는 이 두 말이 싸우고 있습니다. 무슨 말이냐고요?

기독교장로회(기장) : 예수교장로회(예장)
기독교침례회(기침) : 예수교침례회(예침)
기독교성결회(기성) : 예수교성결회(예성)

이런 교단 명칭에 이런 대립 양상이 잘 나타나 있습니다.

영어로 번역하면 똑같이 '크리스챠니티(christchanity)'인데 우리말로 둘을 대립시키고 있는 것이지요. 영어권 사람들이 보면 웃을 일이지요.

참고로, 크리스트(그리스도)는 예수의 직임을, 예수는 그리스도의 본명입니다.

개신교 = 개혁교회

이렇게 표현하기도 합니다.

프로테스탄트(저항자들)의 의미를 드러낸 표현이라 하겠습니다. 요새 와서는 이 성향이 희박해져 과거 중세의 가톨릭같은 권위주의로 많이 기울어 문제입니다만.

3. 유월절(踰越節)

과월절(過越節)이라고도 합니다. 순우리말로 넘이절이라고도 합니다. 초기 우리말 성경에서 넘는절이라고도 했습니다.

출애굽하던 때, 양을 잡아 그 피를 문설주에 바른 이스라엘 백성의 집은 죽음의 천사가 그냥 넘어갔다(지나갔다, 통과했다) 해서 붙여진 명칭입니다.

4. 산상수훈(山上垂訓)

산상수훈=산상보훈=산상복음=산상설교
가톨릭에서는 산상설교를 선호합니다.
어떻게 부르든 마태복음 5장에서 7절까지의 이 말씀은 예수님이 직접 하신 설교로서 아주 중요합니다.

5. 동음이의어들

① 말(斗마5:15) 도량형 도구.
② 구속(救贖대속하여 구원함 눅21:28)(拘束자유제한 속박 고전 7:15)

6. 성경 / 성서

기독교 경전을 "성경(聖經)"이라고 부를 것인지, "성서(聖書)"라고 부를 것인지, 가끔 논란이 벌어집니다. 거룩할 "성(聖)" 자에 경서(經書) "경(經)" 자를 쓰면 우리의 경전을 높여 부르는 이름이고, 거룩할 "성(聖)" 자에 책 "서(書)" 자를 쓰면 그 경전을 조금은 폄(貶)하는 것 같은 느낌입니다. 결론부터 말하면, 어떻게 부르든 관계없습니다. '성(聖)' 자체가 높인 것입니다.

다만, 기독교의 경전을 중국에서는 성경, 일본에서는 성서라고 합니다. 우리는 이 두 전통을 융합한 셈입니다. 그래서 성경이란 말도 쓰고 성서라는 말도 쓰고, 「성경전서」라고 하여 경과 서를 절묘하게 융합했습니다. 본래는 성경이든 성서이든 그것은 모든 종교의 경전을 두루 일컫는 보통명사입니다. 기독교가 우리나라에서 우세한 종교가 되면서 그 용어를 기독교가 사유(私有)하게 된 것입니다.

일본 사람들이 성경이라고 하지 않고 성서라고 하는 것은 일본에서 불경을 성경이라고 했기 때문입니다. 우리나라도 불교 용어에 "성경대(聖經臺)"라는 것이 있는데, 이것은 불경을 놓고 읽는 독서대(讀書臺), "성경"은 "성경전서"를 줄여서 부르는 이름으로, "성서"는 "성경전서"의 첫 자와 마지막 자를 취한 것으로 생각하면 좋을 듯합니다.

강희자전에서는 사기에서 '書'를 "書者, 五經六籍總名也"라고 설명한 것을 예시해 주면서 이 말의 개념을 설명하고 있습니다.

〈康熙字典〉
【辰集上】【曰字部】【史記 · 禮書註】書者, 五經六籍總名也°

이처럼 동양 고전에서는 '書'가 '經'보다 낮은 개념이 아니었던 것입니다. 사서삼경이나 서경이란 말에서 그러한 용례를 알 수 있습니다. 한국이나 중국이나 일본에서 이사야경 다니엘경 마태복음경과 같이 쓰지 않은 것도 비슷한 맥락이라고 짐작됩니다.

그런데 사실, 기독교의 경전의 이름은, "성경"도 "성서"도 아닙니다. 기독교의 경전의 고유한 이름은 "언약서/계약서", "구약"과 "신약", 특별한 고유 명칭, 계약서로서의 경전입니다. 무슨 고전으로서의 경전이 아닙니다. 하나님이 갑(甲)이 되고 우리가 을(乙)이 되고 중간에 중보자이신 예수께서 증인이 되시어서 맺은 언약/계약, 하나님과 나 사이에 맺은 계약서입니다. 계약서는 계약 당사자에게만 의미, 고전(교양물)으로 읽지 말고, 하나님의 요청과 우리의 마땅한 응답이 어떠해야 하는지를 말하고 있는 계약서로 읽어야 합니다.

소원성취를 목적으로 하는 일반 종교처럼 "내 뜻 이루어 주십시오"라고 하는 대신 "주님의 뜻이, 하나님의 뜻이 이루어지기를 빕니다"라고 하는 게 기독교입니다. 신약과 구약이 합쳐 있는 성경전서는 우리를 향하신 하나님의 요청이 들어 있는 계약서입니다. 축복과 저주의 갈림이 이 계약을 지키느냐 어기느냐에 달려 있습니다.

7. 평신도(平信徒)

일반 신도란 표현이 낫습니다. 평신도란 말은 과거에 평민과 귀족으로 구분하던 중세 신분제 사회가 생각나게 합니다.

8. 증경(曾經)

　교회에서 쓰는 '증경(曾經)'이란 말은 국어사전에도 없고 사회 어디에서도 쓰지 않는 한자어입니다. 교단을 위해 공헌한 경력을 가진 분들을 예우하는 마음에서, 그분의 전직(前職)을 계속 호칭으로 사용하다 보니 '증경 총회장', '증경 지방회장' 등의 호칭이 쓰이고 있습니다.

　증(曾)은 '일찍이'라는 뜻을, 경(經)은 '지내다', '겪다'라는 뜻을 가진 글자이니, 증경이란 말은 '일찍이 겪은', '이전에 지낸' 분이란 뜻입니다. 그러므로 '증경 총회장'은 이전에 총회장을 지낸 분을 말합니다.

　'전 총회장'

　이렇게 표현하면 누구나 알아듣기 쉽고 더 좋겠습니다.

9. 중보기도

　예수님만이 중보기도하실 수 있는 분입니다. 우리의 기도는 그 주님의 기도를 모본으로 삼아 하는 기도일 따름입니다. 중보적 기도, 이웃을 위한 기도, 이렇게 표현해야 합니다.

10. 예배 봐 준다 / 예배받으세요

"개업 예배를 봐 준다", "구역예배를 받으세요" 등으로 표현하는 경우가 종종 있다. 하지만 이는 적절치 못합니다. 예배란 예수 그리스도의 구속 사건 안에 나타난 하나님의 사랑과 은혜에 대하여 응답하는 인간의 행위입니다.

그러므로 예배는 참여자가 모두 한 마음 한 뜻이 되어 하나의 공동체를 이루어 그 자리에 현존하신 하나님께 드리는 행위여야 하며, 누구는 열심히 예배하고 다른 사람은 그저 바라만 보는 일은 있을 수 없습니다. 목사가 신자를 대신하여 해 줄 수 있는 성질의 것이 아니라는 뜻입니다. 무슨 물건처럼 주고 받을 수 있는 성질의 것은 더더욱 아닙니다.

"예배를 봐 준다"는 표현을 사용하는 것은 마치 점쟁이가 "점을 봐 준다"거나 무당이 어느 집을 위해 "치성을 드려준다", "굿을 해 준다"는 말을 연상하게 하니 사용해서는 안 될 표현입니다.

11. 예수님의 지상 명령

부활하신 예수님이 승천하시기 직전에 제자들에게 분부하신 것을 지상 명령이라고들 합니다. 땅끝까지 이르러 모든 족속을 제자로 삼으라는 선교 명령이 그것입니다.

그런데 그 '지상'을 '지상(地上)' 즉 '땅 위'로 아는 사람들이 있습니다. 하지만 그렇지 않습니다. '지상(至上)'즉 '가장 높은 위'입니다. 명령 가운데 최고로 높은 명령 즉 최고로 중요한 명령이라는 뜻인 게지요.

12. 저녁이 되고 아침이 되니, 유대인의 하루

성경에 보면 유대인 고유의 날짜 인식이 나옵니다. 그 대표적인 게 창세기 1장의 "저녁이 되며 아침이 되니 ○째날이니라"라는 표현입니다. 지금의 주일 즉 일요일을 "안식 후 첫날"로 표현하는 것도 마찬가지입니다. 아침에 시작해서 저녁에 끝나는 우리식 날짜 인식을 가지고는 이해할 수 없는 표현입니다.

유대인은 예나 지금이나 우리와는 다른 인식을 가지고 있습니다. 해가 질 때부터 새로운 날이 시작되어 그 다음날 해가 질 때까지가 하루입니다. 아침에 해 뜰 때부터를 새로운 날의 시작으로 여기는 우리와는 다른 것이지요. "안식 후 첫날"이란 의미는 요일로 말하자면, 안식일이 지난 다음날을 의미합니다. 금요일 해 질 때부터 토요일 해 질 때까지가 안식일이니, 토요일 일몰 이후 일요일 일몰 때까지가 안식 후 첫 날이 주일입니다.

예수님이 부활하신 안식 후 첫 새벽도 바로 그때입니다. 요한복음 4장 43절-54절에 나오는 예수님께서 가버나움에 있는 아들을 가나에서 말씀으로 살리신 기적 사건에서도, 분명히 우리 식으로 보면 당일에 일어난 일인데도, "어제 일곱 시에 열기가 떨어졌나이다"고 기록되어 있습니다. 이 "일곱 시"는 우리 시간으로 환산하면 오후 1시, 가나에서 가버나움까지의 거리가 34키로 도보로 8시간 거리이므로,

예수님이 말씀으로 치유하신 시각은 오전 5시쯤으로 추정되니, 당연히 "오늘"이라고 했어야 합니다. 하지만 오전 5시는 해가 뜨기 전이므로 유대인의 시각으로 보면 분명 '어제'였던 게지요.

13. 유대인의 시간

앞에서 이미 일부 비쳤습니다만, 유대인의 시간 계산법은 우리와 다릅니다. 우리도 예전에는 1경, 2경, 3경 이런 식으로 했습니다만, 유대인의 제1시는 우리로 말하면 거기에 +6을 한 시각입니다. 그러니 성경 원문에서 '제9시'라고 했으면 우리식으로는 15시 즉 오후 3시가 됩니다. 사도행전 3장 1절 "제9시 기도 시간에 베드로와 요한이 성전에 올라갈새 나면서 못 걷게 된 이를 사람들이 메고 오니"가 바로 그런 경우입니다. 이것을 우리식으로 여겨 오전 9시로 생각하면 안 됩니다.

14. '야고보서'의 영역 'James'

정말 오랫 동안 품어온 의문 가운데 하나가 '야고보서'의 영역이 'James'라는 데 대한 궁금증이었습니다. 누구한테 물어도 답이 없다가 최근에야 풀었습니다. 알고 보면 아주 단순합니다. 라틴어 번역본에서 야고보(jacob)를 로마식으로 'jacomus'라 번역했던 것인데, 그 이후 영역본이 나올 때 바로 이 라틴어본의 영향을 받아, 원음에서 멀어진 것으로 추정된다는 것이지요. 대한성서공회 전무용 번역실장님의 설명인데 설득력이 있다고 생각합니다.

15. 무덤

이스라엘의 무덤은 우리와는 다릅니다. 우리는 전통적으로 땅을 수직으로 파고 거기에 시신을 매장하고 봉분을 만드는데, 팔레스타인의 전통 무덤은 다릅니다. 수평으로 된 자연 동굴 또는 인공 동굴 벽쪽의 선반 같은 곳에 시신을 눕혀놓습니다. 나사로가 다시 살아나서 걸어나오는 것이라든지, 부활하신 예수님 사건을 생각할 때, 그렇게 연상해야 이해가 되거나 실감이 납니다. 예수님의 무덤을 막고 있는 돌을 어떻게 옮길까 걱정하는 여인들의 말도 제대로 이해가 됩니다. 동굴문이 넓으므로 짐승이 들어가지 못하게 아주 큰 돌을 굴려서 막아놓았기 때문이지요.

16. 더러는 길가에 떨어지매 새들이 와서 먹어버렸고

예수님의 씨 뿌리는 비유에 보면, "더러는 길 가에 떨어지매 새들이 와서 먹어버렸고(마 13 : 4)"라는 대목이 나옵니다. '흙이 얕은 돌밭', '가시떨기 위' 등도 나옵니다. 우리의 농사 상식으로는 얼른 이해되지 않는 대목입니다. 우리는 씨를 뿌릴 때 반드시 쟁기로 갈아엎은 다음에 씨를 뿌립니다. 말하자면 모두가 다 '좋은 땅'에 씨가 뿌려집니다.

그리고 나서 덮어줍니다. 그러니 절대로 새들이 와서 먹을 일이 없습니다. 농부가 아주 게을러서 땅을 갈지도 않거나, 뿌린 후에 부주의해서 그 씨를 덮지 않은 경우라면 모를까, 새가 먹어버리는 일은 없거나 드뭅니다.

하지만 팔레스타인의 농경은 다릅니다. 평소에는 길바닥이기도 한 곳에다 쟁기질도 않고 씨부터 뿌립니다. 그리고 나서 쟁기질을 해서 덮습니다. 그러니 완벽하게 덮일 리가 없습니다. 덮이지 않은 씨는 그야말로 길가에 그냥 떨어져 있는 신세이니 새들의 먹이가 될 수밖에 없습니다. 아주 흔한 일인 것이지요. '흙이 얕은 돌밭', '가시떨기 위'도 마찬가지입니다. 우기가 아닌 때는 그곳이 길로 이용되어 단단해지기도 하고 사람이 안 다니는 곳은 돌밭일 수도 있고 가시나무가 자랄 수도 있는 것이지요. 우리처럼 밭은 항상 밭, 길은 항상 길, 이런 개념이 아니라는 것이지요.

17. 채찍 / 가시채

예수님이 맞으신 채찍을 우리식 채찍으로 생각하면 안 됩니다. 우리 채찍의 대표는 가죽으로 만든 것입니다. 예수님이 맞으신 채찍은 그런 게 아닙니다. 당시 로마의 채찍에는 날카로운 쇳조각들이 무수하게 박혀 있었습니다. 그러니 거기에 맞으면 살점이 떨어져 나갔습니다.

사도 바울의 고백문에 나오는 "우리가 다 땅에 엎드러지매 내가 소리를 들으니 히브리 말로 이르되 사울아 사울아 네가 어찌하여 나를 박해하느냐 가시채를 뒷발질하기가 네게 고생이니라(행 26 : 14)" 여기에 나오는 '가시채'도 우리 통념과 다릅니다. 가시가 달린 채찍이 아니라, 끝이 뾰족한 막대기로서, 말을 듣지 않는 소나 말을 부리기 위해, 그걸로 소나 말의 뒷꿈치를 사정없이 쑤시거나 찔러댔던 것인데, 바울 사도는 그것을 끌어다 표현한 것이지요.

18. 함께하다 / 함께 하다

현재 가장 많이 보는 성경은 개정 개역판입니다. 참으로 많은 부분이 수정되어 좋습니다. 하지만 여전히 미흡한 부분이 있습니다. 그 가운데 하나가 "함께 하다"라는 말의 띄어쓰기입니다. 개정 개역판에서는 모조리 "함께 하다"로 띄어 썼습니다만 잘못입니다. "함께 하다"처럼 띄어 써야 할 경우도 있지만, "함께하다"처럼 붙여 써야 할 경우가 있기 때문입니다. 개정 개역판에서는 그런 분별을 하지 않고 모조리 띄어 써 놓았습니다(개정 이전의 한글개역판에서는 제대로 구분하였습니다).

예를 들어 설명합니다. "이 일을 저 혼자 한 게 아니라 친구와 함께 했다."고 할 경우에는 "함께 했다"로 적는 게 맞습니다. 이 경우의 '하다'는 영어로 말하면 대동사이기 때문이지요. 하지만 "우리와 늘 함께 하시는 하나님"인 경우에는 '함께하시는'으로 붙여서 쓰는 게 맞습니다. 이때는 '동행하시다'는 뜻이기 때문입니다. 표준국어대사전에도 '함께하다'라는 낱말이 올라가 있습니다. 다음과 같습니다. 그대로 옮겨봅니다.

함께하다

「동사」

【(…과) …을】(('…과'가 나타나지 않을 때는 여럿임을 뜻하는 말이
주어로 온다))

1. =같이하다「1」.
   - 어려움을 함께한 친구/생사고락을 함께하다/그와 평생을 함께
     할 생각이다.∥어머니가 큰상을 받는 자리에 의당 집안의 높은
     어른들이 자리를 함께한 것까지는 좋았다.《전상국, 외딴길》
2. =같이하다「2」.
   - 친구와 행동을 함께하다/그와 이해를 함께하고 있는 입장이
     어서 그에게 싫은 소리를 할 수가 없었다.∥모든 상처받은 영
     혼들의 아픔을 함께해 주시며 그것을 사랑으로 치유해 주십니
     다.《이청준, 벌레 이야기》

아울러 '함께'는 부사로서 다음과 같이 사전에 올라 있습니다. 이것
도 그대로 옮깁니다.

함께

「부사」

((주로 '…과 함께' 구성으로 쓰여))

한꺼번에 같이. 또는 서로 더불어.

- 온 가족이 함께 여행을 간다./형과 동생이 함께 놀고 함께 공부한
  다./어머니는 선생님과 함께 이야기를 나누었다./과자와 함께 음
  료수도 사 오너라./봄과 함께 새싹이 돋고 꽃이 핀다./적장은 화살
  을 맞고 외마디 비명과 함께 말에서 굴러떨어졌다.

이런데도, 개정 개역판에서는 '함께 하다'와 '함께하다'를 구분하지 않고 '함께 하다' 하나만으로 적고 있는 것이지요. 이래서 이 책 머리말에서 지적했듯, 교회 열심히 다니는 사람은 국어 점수 만점 받지 못한다는 말을 듣는지도 모릅니다.

19. 민초 / 서민 / 백성

기도할 때 흔히 쓰는 말입니다. "이 백성을 잘 다스리는 위정자(대통령) 되게 하소서."

일본에선 '풀(草)'과 '백성(民)'을 조합해 '민초(民草)'라는 말을 만들어 써 왔습니다. 백성을 끈질긴 생명력을 가진 잡초에 비유한 말입니다. 일본식 한자어이기도 하고, 백성을 풀처럼 하찮은 존재로 여기는 말인 것 같아 좋지 않은 말입니다. '서민(庶民)'이라는 말도 요즘 같은 민주시대에는 걸맞지 않습니다. 신분사회에서 양반이 아닌 평민(평민), 상민(常民)을 가리키던 그 말을 지금도 쓴다는 것은 시대착오적이기 때문입니다.

국민처럼 좋은 말을 제쳐 놓고 굳이 '민초', '서민'이란 말을 쓸 필요는 없습니다. '백성(百姓)'도 민초보다는 좋은 말이지만 여전히 중세의 신분질서를 반영한 말이므로 민주화된 이 시대에는 어울리지 않습니다. '백성(百姓)'은 '백 가지의 성씨'란 글자 뜻 그대로, 왕의 견지에서 볼 때, 자신의 다스림을 받는 민중 전체를 가리키는 말입니다. 이 백성이라는 말 속에 왕은 들어가지 않습니다. 왕은 세습제였기에 영원히 왕은 백성의 범주에는 들어가지 않았습니다.

그러나 민주화사회에서는 다릅니다. 모두가 국민입니다. 그 가운데에서 선거를 거쳐 뽑히면 대통령이 될 수 있습니다. 그러므로 백성이라는 말보다 국민이라는 말을 써야 합니다.

20. 하수 / 강 / 시내 / 골짜기

중국, 한국, 일본 등 동아시아 한자문화권에서는 '하동'이니 '하남'이니 하는 말은 '황하'를 염두에 두고 나온 말들입니다. '강남'이니 '강동' 같은 말은 '양자강(장강)'을 염두에 둔 말들입니다. '강남' 지역은 요즘으로 말하자면 베트남이 그 대표라 하겠습니다.

이와 같은 문화에 젖어 있던 유교적 교양을 지닌 분들이 기독교를 받아들여 성경번역에 참여한 결과, 성경에도 '하수'라는 말이 등장하는데, 이는 '나일강'을 의미합니다. 특별히 큰 물로 여겼던 것이지요. 예외 없이 그렇게 썼습니다. 개정 개역판에 와서는 아예 '나일강'으로 옮긴 곳도 있지만 여전히 그 흔적이 남아 있으니 알아둘 일입니다.

다른 강을 지칭할 때는 '○○강'이라고 했습니다. '요단강'이 그 대표입니다. 그냥 '강'이라고 하면 대개는 유프라테스강입니다. 새번역에서는 친절하게 '유프라테스강'이라고 밝히고 있지만 말이지요.

여호수아가 모든 백성에게 이르되 이스라엘 하나님 여호와의 말씀에 옛적에 너희 조상들 곧 아브라함의 아비, 나홀의 아비 데라가 강 저편에 거하여 다른 신들을 섬겼으나 내가 너희 조상 아브라함을 강 저편에서 이끌어내어 가나안으로 인도하여 온 땅을 두루 행하게 하고 그

씨를 번성케 하려고 그에게 이삭을 주었고(수 24 : 3)(개역한글판)

여호수아가 모든 백성에게 이르되 이스라엘의 하나님 여호와께서 이같이 말씀하시기를 옛적에 너희의 조상들 곧 아브라함의 아버지, 나홀의 아버지 데라가 강 저쪽에 거주하여 다른 신들을 섬겼으나 내가 너희의 조상 아브라함을 강 저쪽에서 이끌어 내어 가나안 온 땅에 두루 행하게 하고 그의 씨를 번성하게 하려고 그에게 이삭을 주었으며 (개정개역판)

그 때에 여호수아가 온 백성에게 말하였다. "주 이스라엘의 하나님이 이렇게 말씀하셨습니다. '옛날에 아브라함과 나홀의 아비 데라를 비롯한 너희 조상은 유프라테스 강 건너에 살면서 다른 신들을 섬겼다. 그러나 내가 너희 조상 아브라함을 강 건너에서 이끌어 내어, 그를 가나안 온 땅에 두루 다니게 하였으며, 자손을 많이 보게 하였다. 내가 그에게 이삭을 주었고(새번역판)

시내, 골짜기란 표현도 그렇습니다. 우리는 대개의 경우, 시내에는 항상 물이 흐릅니다. 하지만 이스라엘은 다릅니다. 우기에는 그렇지만 건기에는 말라있어, 그곳이 골짜기가 될 수도 있습니다. 그래서 성경에 똑같은 지명인데, 언제는 무슨 무슨 시내, 어느 때는 무슨 무슨 골짜기라고 표현하는 이유가 여기 있습니다. 이스라엘말로 '와디'라고 하는 곳이 바로 그것입니다. 물이 흐를 때는 시내, 흐르지 않을 때는 골짜기가 되는 것이지요. 물이 많을 때는 강, 줄어들면 시내가 되기도 하지요(기손 : 삿 4 : 7, 왕상 18 : 40).

21. 앞

북반구인 한반도에서는 태양이 남쪽에 있기 때문에 남쪽이 앞쪽이고 북쪽은 뒷쪽입니다. 그래서 앞산은 남산이고 뒷산은 북산입니다. 예외가 없습니다.

이스라엘은 다릅니다. 예루살렘 성전을 기준으로 삼아 성전의 문쪽인 동쪽을 앞으로 표현합니다. 아래의 예문들이 그것을 보여줍니다.

1. [민 21:11] 오봇을 떠나 모압 앞쪽 해 돋는 쪽 광야 이예아바림에 진을 쳤고
2. [수 22:11] 이스라엘 자손이 들은즉 이르기를 르우벤 자손과 갓자손과 므낫세 반 지파가 가나안 땅의 맨 앞쪽 요단 언덕 가 이스라엘 자손에게 속한 쪽에 제단을 쌓았다 하는지라

22. 내려가다 / 올라가다

동양권에서는 도성 즉 수도를 중심으로 도성으로 향할 때는 어디에서 출발하든 '서울로 올라간다(상경)'고 표현해 오고 있습니다. 당연히 도성에서 지방으로 갈 때는 그곳이 어디든 '내려간다(하향)'고 했습니다.

이런 전통을 가지고 있다 보니, 성경을 번역할 때도 예루살렘을 향할 때는 항상, 북쪽에서 갈 때나 남쪽에서 갈 때나 '예루살렘으로 올라간다'고 하였고, 예루살렘에서 떠날 때는 모두 '내려간다'고 했습

니다. '여리고로 내려가시다'라든가 하는 표현이 그래서 있는 것이지, 반드시 그곳이 낮은 지역이라 그런 게 아니라는 것이지요. 아래에 보이는 수두룩한 예들이 다 그런 문화의 반영인 게지요. 영어권에는 이런 표현이 없습니다.

[마 16:21] 이 때로부터 예수 그리스도께서 자기가 예루살렘에 올라가 장로들과 대제사장들과 서기관들에게 많은 고난을 받고 죽임을 당하고 제삼일에 살아나야 할 것을 제자들에게 비로소 나타내시니

[마 20:17] 예수께서 예루살렘으로 올라가려 하실 때에 열두 제자를 따로 데리시고 길에서 이르시되

[마 20:18] 보라 우리가 예루살렘으로 올라가노니 인자가 대제사장들과 서기관들에게 넘겨지매 그들이 죽이기로 결의하고

[눅 10:30] 예수께서 대답하여 이르시되 어떤 사람이 예루살렘에서 여리고로 내려가다가 강도를 만나매 강도들이 그 옷을 벗기고 때려 거의 죽은 것을 버리고 갔더라

[요 2:12] 그 후에 예수께서 그 어머니와 형제들과 제자들과 함께 가버나움으로 내려가셨으니 거기에 여러 날 계시지는 아니하시니라

[행 7:15] 야곱이 애굽으로 내려가 자기와 우리 조상들이 거기서 죽고

[행 8:5] 빌립이 사마리아 성에 내려가 그리스도를 백성에게 전파하니

23. 보우(保佑) / 보호(保護)

　'보우'는 보호하고 도와준다는 한자어입니다. 일상생활에서 쓸 때는 무척 생소하고, 보호의 잘못된 표기가 아닌가 생각할 수 있습니다. 애국가에 '보우'라는 말이 나옵니다. '하느님이 보우하사 우리나라 만세'가 그 대목입니다. 이 때의 '보우'를 '보호'로 오해할 수 있는데 '보우'가 맞습니다.

24. 시각(時刻) / 시간(時間)

　시각(時刻)은 '시간의 흐름에서 어느 한 시점'을 의미하는 말입니다. "대관령엔 이 시각 현재까지 폭설이 내리고 있다"가 그 예입니다. '시간(時間)'은 '~동안'의 의미를 가진 시각과 시각의 사이이자 그 집합'입니다. "영화를 보면서 시간을 보냈다"가 그 정확한 예입니다.

25. 유명(幽明) / 운명(殞命)

　'유명(幽明)'은 '저승과 이승'을 이르는 말이고, 운명(殞命)은 '사람의 목숨이 끊어짐'을 의미하는 말입니다. 그러므로 죽음을 뜻하기 위해, '저승과 이승을 달리 했다'는 뜻에서 '유명을 달리하다'고 표현하는 것은 맞지만, '운명(殞命)을 달리하다'라고 하면 잘못입니다. 동음이의어인 '운명(運命)'을 써도 마찬가지로 적절하지 않습니다.

26. 예언자(預言者) / 선지자(先知者) / 예언자(豫言者)

평화를 예언하는 선지자는 그 예언자의 말이 응한 후에야 그가 진실로 여호와께서 보내신 선지자로 인정받게 되리라 (렘 28 :9)

성경의 예언자는 일반적인 의미의 예언가와는 다른데 이 사실들을 모르는 경우가 있습니다. 일반적인 예언자는 "앞으로 다가올 일을 미리 짐작하여 말하는 사람"입니다만, 이사야, 예레미야 등 기독교에서 말하는 예언자는 "과거 일이든 현재 일이든 미래의 일이든, 하나님의 말씀을 맡아서 이것을 말하는 사람"입니다. 그래서 한자 표기도 다릅니다. 일반적인 예언자는 豫言者(미리 예, 말씀 언), 기독교의 예언자는 預言者(맡을 예, 말씀 언)입니다.

최초의 우리말 성경에 영향을 미쳤을 중국의 한문 성경, 일본어 성경의 표기를 보면 하나같이 '맡을 예(預)'자로 되어 있습니다. 요즘에 출간된 중국 백화문판 성경해석도 마찬가지입니다. 우리나라에서 발행한 선한문관주성경전서(조선경성 대영성서공회, 1926)에서도 '預言'으로 표기하고 있는 것으로 미루어, 초기에는 미래를 말하는 예언(豫言)과 구별하여 '預言'으로 적었던 게 분명합니다.

그런데 최근에 만들어진 국립국어원의 표준국어대사전에서 기독교 특유의 예언자(預言者)가 사라졌습니다. 예언자(豫言者)만 남아 있습니다. 잘못된 일입니다.

이와 관련해 대한성서공회 전무용 번역실장께 문의해서 받은 답변의 주요 대목은 아래와 같습니다. 참고하시기 바랍니다.

중국어역 馬禮遜(모리슨) 역 耶穌基利士督我主救者新遺詔書

(1813): 先知(者)

중국어역 新約全書-深文理和合本1906年版1925年印: 先知(者)

중국어역 新舊約全書 委辦譯本-上帝版(1910): 先知(者)

중국어역 施約瑟(세례셰브스키 주교) 新譯(1909) 舊新約聖經-官話

-上帝版: 先知(者)

중국어역 楊格非 重譯 新約全書 官話(양격비역: 1889): 先知(者)

중국어역 新舊約全書-廣東話 新約全書(1934) : 先知(者)

現代中文譯本(修訂版): 先知(者)

중국어역 神治文-克陛存 譯(브리지만 컬벗슨 역, 1864) 新約全書:

預言者

일본어 메이지역(1887): 預言者

일본어 文語訳(大正改訳)新約聖書(1950年版): 預言者

聖書日本語 Japanese Bible [(Kougo-yaku] 1954/1955]: 預言者

중국어 번역은 전반적으로 先知(者)를 사용했고, 미국성서공회의
후원을 받은 브리지만 컬벗슨 역본이 預言者라 썼고, 이 영향(미국성
서공회의 영향 포함)을 많이 받은 것으로 보이는 일본어 성서들이 預
言者라 쓰고 있습니다. 豫言者라 쓴 역본은 아직 못 보았습니다. 앞일
을 미리 알거나 미리 말하는 것보다는 하나님이 계시하신 말씀을 맡
아서 전하는 사람이라는 뜻이 중요한 의미라고 하는 설명을 본 적이
있습니다. 그러나 하나님이 계시하시는 것을 제일 먼저 알게 된 사람
이기도 하므로, 先知(者)라는 번역에도 충분한 타당성이 있을 것으로

생각합니다.

> "예언자"(《해설관주성경전서》의 용어해설 중에서)
>
> "예언자는 자기에게 하나님이 계시하신 바를 선포했다(고전14:26-
> 32). 예언자가 하는 말 가운데는 앞일을 미리 말하는 것도 있지만(행
> 11:27-28; 계1:1-2), 신약 성경의 예언자들이 맡은 임무는 무엇보
> 다도 현재 상황을 하나님의 뜻에 비추어 밝히고 교회에 주님의 지시를
> 전달하며 교회를 격려하고 위로하는 것이었다."

영중사전들도 '预言' 또는 先知를 썼지, 豫言을 쓰지 않았습니다.

proph · e · sy ['prɔfisai] vt.,vi.

预言,预示.

proph · e · cy ['prɔfisi] n.

27. 드러내다 / 들어내다

이것도 많이 틀립니다. 소리가 같으니 말할 때논 표시가 안 나는데,
글로 쓸 때는 나타납니다. 긴말이 부질없습니다. 두 말이 다르다는 것
을 국어사전의 풀이에서 확인하기 바랍니다.

드러내다

「동사」

【…을】

1. '드러나다「1」'의 사동사.
   • 어깨를 드러내는 옷차림/하얀 이를 드러내고 웃다/구석에
   서 옷을 갈아입던 연희가 허연 등을 드러내 놓은 채 종알거렸
   다.≪한수산, 부초≫/사람들은 그것이 혹시 썰물 때만 잠깐 모
   습을 드러냈다가 밀물 때가 되면 다시 수면 아래로 가라앉은
   거대한 산호초 더미가 아닌가 의심했다.≪이청준, 이어도≫
2. '드러나다「2」'의 사동사.
   • 본색을 드러내다/속마음을 드러내다/그는 어린 시절에 천재성
   을 드러냈다./그는 사람들에게 저의를 드러내기 시작했다./평
   소에 별로 희로의 감정을 드러내지 않는 그의 얼굴도 알아보게
   밝아져 있었다.≪이문열, 영웅시대≫
【드러내다〈석상〉←들-+-어+나-+-이-】

들어내다

「동사」【…에서 …을】

1. 물건을 들어서 밖으로 옮기다.
   • 방에서 이삿짐을 들어내다/창고에서 재고품을 들어내다/생선
   의 배를 가르고 내장을 들어내다/곡식을 깡그리 들어내 그들
   이 기거하는 강변 나루터 윗목 토막집으로 걸머지고 갔다.≪문
   순태, 타오르는 강≫
2. 사람을 있는 자리에서 쫓아내다.
   • 저놈을 여기서 당장 들어내지 못할까!/흥, 옛날 상소 하나로 대
   원군을 들어내듯 왕명이면 수만 일본 군사도 들어낼 줄 아는
   모양이야.≪박경리, 토지≫
『북한어』깊이 숨어 있던 사람들을 붙잡아서 집어내다.

28. 귀신(鬼神)

우리 전통에서는 귀신을 분리해서 인식했습니다. 귀(鬼)는 잡귀나 악귀 즉 좋지 않은 존재, 신(神)은 착한 신 즉 우리에게 좋은 것을 베푸는 존재로 구별해서 보았습니다. 그래서 굿이나 제사는 선신에게 복 달라거나 높이거나 추모하기 위해서 하는 것이고, 푸닥거리니 독경은 잡귀나 악귀를 물리치기 위해서 하는 의식이었습니다. 물론 집에서 조상 제사를 모실 때도 귀가 아닌 신 즉 조상신에게 드리는 것이었습니다.

이것을 모른 채, 무조건 귀신을 하나로 싸잡아서 생각하면 곤란합니다. 이런 구분으로 본다면, 우리 하나님은 신(神) 가운데에서 가장 최고의 신인 것이지요. 사탄은 귀(鬼) 가운데 가장 악랄한 귀, 최악의 귀(鬼)인 셈이지요. 그래서 마귀(魔鬼)라고 합니다. 마신(魔神)이라고는 하지 않는 것입니다. 신출귀몰(神出鬼沒)이라는 말에서도 두 글자를 분별했던 흔적이 남아 있다 하겠습니다.

29. 왼편 뺨도 돌려대며

> 나는 너희에게 이르노니 악한 자를 대적지 말라 누구든지 네 오른편
> 뺨을 치거든 왼편도 돌려 대며(마 5 : 39)

유대 사회에서 남의 오른편 뺨을 때리는 것은 그 사람을 무시하는 행동이었습니다. 왜냐하면 때리는 사람이 오른손이 아닌 왼손으로 때

리는 경우인데, 사람을 때릴 때 왼손으로 때리는 것은 금지되어 있었습니다. 오른손으로 때림으로써 상대방을 동등한 인격체로 대접하라는 뜻이 거기 담겨 있습니다.

오른손으로 때린다 해도 손바닥으로 때려야지, 손등으로 때리는 것은 상대방을 무시하는 행동으로 여겼습니다. 동등한 인격체로 여기지 않는다는 표시였습니다.

예수님의 요청은 바로 이런 문화적 배경에서 나온 것임을 알아야 합니다. 자신을 무시하는 사람에 대해, 자청해서, 상대방에게 왼손으로, 그것도 등으로 때리라고 대주라는 것이지요. 이는 누가 믿는 우리에게 그렇게 하거든 대들지 않는 것은 물론이고, 왼편 뺨도 돌려대라는 게 주님의 가르침입니다. 이것이 산상수훈의 교훈입니다. 세상에서는 발견할 수 없는 놀라운 포용과 관용의 가르침입니다. 거룩한 가르침입니다. 이 의미를 분명하게 알고 있어야 합니다.

어찌 보면 속없는 사람처럼 그 사람에게 대하라는 것입니다. 그 사람을 불쌍히 여기는 마음으로 그러라는 것입니다. 같이 맞서면 같은 사람이 되니까. 비폭력 무저항으로 맞섬으로써, 상대방을 그렇게 행동하게 만든 구조적인 문제, 그 사회 제도와 문화의 문제점과 죄악성을 드러내라는 것입니다. "너희는 세상의 빛"이라는 가르침과 자연스럽게 연결됩니다. 그렇게 함으로써 세상의 어두움, 비리, 폭력성 등이 드러나게 되어, 이를 반성하고 비판하게 만들어 바람직한 방향으로 개선될 수 있게 되는 것이지요.

30. 갈릴리 바다 / 갈릴리 호수 / 게네사렛 호수 / 디베랴 바다

갈릴리 호수를 바다로 오해하는 경우가 있습니다. 바다가 아닙니다. 호수입니다. 하도 넓으니까 이스라엘 사람들이 '바다'라고 표현했을 따름이지 민물 호수입니다. 게네사렛 호수라고도 부릅니다. 그 북쪽에 게네사렛이란 곳이 있어, 그 이름을 따서 그렇게 부르기도 합니다. 디베랴 바다라고도 합니다. 그 동쪽에 헤롯 안디바가 황제 디베랴(티벨리우스)를 기념하기 위해 세운 도시의 이름이 디베랴이기 때문에 붙여진 별명입니다.

31. 시내산 / 호렙산

시내산과 호렙산에 대해서 별개의 산으로 오해하는 경우가 있습니다. 동편이냐 서편이냐에 따라 달리 부르는 것이지요. 요즘 이 시내산 즉 호렙산의 위치가 지금까지 알고 있는 것과는 다르게, 시나이반도가 아니라 사우디아라비아라는 주장이 나와 주목을 끌고 있지요. 지금 이름은 게벨 무사 또는 라오즈산이라지요.

VII.

설교문에서 보이는 옥의 티들
-설교문 비평-

1. S목사님, 〈하나님 나라는 이러해요〉 설교의 문제점

1) 문제점 1

제목과 본문(결론)의 불일치를 지적할 수 있습니다. 제목은 '하나님 나라는 이래요'인데, 본문의 결론은 '하나님 나라를 건설하자'입니다. 욕심을 너무 많이 냈다 하겠습니다. 결론의 메시지를 드러내고 싶다면 제목을 수정해야 합니다.

2) 문제점 2

성경 본문과 설교 내용의 불일치를 지적할 수 있습니다. 하나님 나라의 특징으로 제시한 세 가지 항목은 성경 본문과 무관합니다. 본론 첫 머리에서 "오늘 본문 말씀을 보세요"라고까지 해 놓고서는 그렇게 하지 않았습니다. 먹고 마시는 것이 아니라고 한 부분만 성경대로 인용하고는, 나머지 세 가지는 전혀 성경 본문과 무관한 것에 대해 말했습니다. 본문대로 말하려면, '성령 안에 있는 의와 평강과 희락'이라는 구절을 자세히 어린이들의 눈높이에 맞추어 설명해 주었어야 합니다. 그래야 어린이들이 본문에 집중하게 됩니다. 더 적절한 성경 본문을 제시하든가, 복수로 제시했어야 합니다.

2. Y목사님, 〈하나님을 나의 배경으로〉 설교의 문제점

1) 문제점 1

제목과 내용의 불일치를 지적할 수 있습니다. 제목을 '하나님을 나의 배경으로'라고 했으면, 네 개의 하위 절들이 그 대주제를 뒷받침하는 관계로 구성되어야 합니다. '축복의 근원이신 하나님', '이적의 하나님', '자기를 찾는 자를 도우시는 하나님', '하나님을 배경으로 삼는 자', 이들 하위 절은 제목에 비추어 자연스럽지 않은 항목명들입니다. 논리적이지 않습니다.

'하나님을 내 배경으로'라는 제목 자체도 모호합니다. '하나님을 배경으로 삼자'는 것인지, '하나님을 배경으로 삼으면 어떤 결과가 생기는가'인지, '하나님을 배경으로 삼아야 할 이유'인지, 여러 가지 가능성이 있는데 그 가운데 어느 것인지 분명하지 않습니다. 물론 설교를 다 들으면 아는 것 아니냐 반론할 수 있겠지만, 제목만 봐도 핵심 내용을 파악할 수 있게 하려고 제목을 달아주는 것이지, 그렇지 않다면 제목을 제시할 필요가 없습니다. 제목 자체가 모호하면, 하위의 절 제목도 비논리적일 가능성이 높은데, 이 설교문이 바로 이 점을 입증합니다.

각 절 사이의 관계도 대등해야 하는데, 앞의 세 가지는 '-----하신 하나님'이라 해서, 마치 이 설교가 하나님의 속성을 드러내는 설교인 것처럼 되어 있는데, 네 번째 절의 제목은 '하나님을 배경으로 삼는 자'라고 하여, 이질적입니다. 대등하지 않습니다. '우리의 배경으로 삼을 만한 하나님' 이런 식으로 구성해야 논리적으로 자연스럽습니다.

2) 문제점 2

성경 본문과 내용의 불일치를 지적할 수 있습니다. 본문인 창세기 32장 13-32절은 "야곱이 브니엘에서 씨름을 하다"라는 소제목처럼, 위기에 몰린 야곱이 결사적으로 기도하여 생명 보전의 약속을 받는 내용입니다. 든든한 하나님을 배경으로 믿어 매달린 결과 복을 받았으니, '하나님을 배경으로'라는 제목과는 잘 연결된다고 할 수 있습니다. 하지만, 하위 절들과는 잘 연결되지 않습니다. '축복의 근원이신 하나님' 대목에서, 우리 통념으로는 야곱이 태어나기 전에 있었던 사건들을 근거로 하나님이 복의 근원이심을 드러내면서, 그래서 야곱이 그 사실을 알고 믿어서 하나님을 배경으로 삼았다고 논리를 전개해야 할 것 같은데, 이 설교는 그렇지 않습니다. 아주 일반적인 진술만 하고 있습니다. 적어도 야곱의 할아버지 아브라함에게 복을 약속하신 사실, 아브라함과 이삭에게 복을 주셨던 사건들만은 거론하면서 그런 사실이 있어서 야곱이 하나님을 믿어 자신의 배경으로 삼아 기도했다고 하면 더 좋았을 텐데 하는 아쉬움이 느껴집니다.

3) 문제점 3

본문이 서론, 본론, 결론 형식을 갖추지 않았습니다. 한마디로 서론과 결론이 제대로 갖추어져 있지 않습니다. 본론만 진술되다가, 마지막에 기도로 맺고 있습니다. 일반적인 글쓰기 원리나 형식과는 거리가 있습니다. 이 설교문이 들어있는 설교집 전체의 설교문이 다 그렇습니다. 아무리 말하기와 글쓰기는 구별된다고 하지만, 일단 책으로 출판할 때는 글쓰기로 제공되는 것이니, 글쓰기의 관례를 따르는 게 좋을 것입니다.

4) 문제점 4

맞춤법과 어휘 선택을 비롯하여 표현의 문제를 지적할 수 있습니다.

①

"전능자이시기에 모든 능력과 축복을 다 가지고 계시며"에서 '능력과'라는 부분은 불필요합니다. 전능자이시라는 말 속에는 능력이 있다는 뜻이 포함되어 있으니 동어반복입니다. 그 다음에 이어지는 '그것을 인간에게 주시기 위해 축복 받을 만한 믿음 있는 자를 찾고 계십니다'라고 했는데, 논리적으로 문제가 있습니다. 이 설교의 초점은 '축복(복)'이지 '능력'은 아닌데, 두 가지를 제시하고 '그것을'이라고 함으로써, 독자나 청자들은 '능력과 축복' 두 가지를 연상하고 기대하게 됩니다. '그것'을 '능력과 축복'으로 해석할 경우, 그 다음에 나오는 '축복 받을 만한 믿음 있는 자를 찾고 계십니다'와 호응이 되지 않습니다. '능력과 축복', 둘 중에서 갑자기 '능력'은 사라지고 '축복'만 나오기 때문입니다.

중간에 인용한 요한복음 4장 23절 "아버지께 참으로 예배하는 자들은 신령과 진정으로 예배할 때가 오나니 곧 이때라 아버지께서는 이렇게 자기에게 예배하는 자들을 찾으시느니라"는 말씀은 이 문맥과 어울리지 않아 또 문제입니다. '찾는다'는 말 때문에 여기에 인용했지만, 요한복음에서 하나님이 찾는 사람은 '자기에게 예배하는 자들'이라고 했지, '믿음 있는 사람'이나 '하나님의 은혜로 살려고 하는 사람'이라고는 하지 않았습니다. 본문을 존중해야 합니다.

②

주여! 나의 수단과 방법은 이제 다 버렸습니다. (중략) 이 시간 내가 야곱과 같이 뼈가 위골될지라도 기도에 응답받기를 원합니다. 절대로 포기할 수 없습니다.

이 부분은 이 설교의 결론이자 마무리 기도 대목입니다. 하나씩 문제점을 짚어 봅니다.

첫째, 기도의 주제가 전체 주제와 직결되어 있지 않습니다. '하나님을 배경으로'가 제목이자 주제라면, 마무리 기도에 이와 직결된 어휘가 등장해야 하는데 없습니다. 본론에 그렇게도 자주 나온 '축복'이라는 어휘라도 나와야 할 텐데 그렇지 않습니다.

둘째, "주여"는 문어체입니다. 우리말에서 상대방과 대화할 때 아무도 '-여'라고 하지 않습니다. 기도가 하나님과의 직접적인 대화라면 '주여'라고 해서는 안 됩니다. '당신만이'라는 표현도 잘못입니다. 우리말 어법에서 나보다 높은 분에게 직접 말하면서 '당신'이라고 하는 것은 결례입니다. 그분이 안 계시는 자리에서 3인칭으로 높여서 표현할 때만 가능합니다. 그게 우리말입니다.

셋째, 이건 좀 사소한 지적입니다만, "뼈가 위골될지라도"는 중복 표현입니다. '위골'이 이미 '뼈가 어긋남'이란 뜻을 지닌 말이므로 다시 '뼈가'라는 말을 덧붙일 필요가 없습니다.

3. L목사님, 〈자학은 겸손과 다릅니다〉 설교의 문제점

1) 문제점 1

제목과 본문의 불일치입니다. 제목을 '자학은 겸손과 다릅니다'라고 하였는데, 본문에서 '자학하지 말고 열등감 대신 자존감을 갖고 살자. 하나님이 창조하시고 지금도 사랑하고 계시는 존재가 나임을 알고 살자'라고 하였습니다. '자학과 겸손은 다르다'는 말은 한마디도

하지 않았습니다. 그러려면 제목을 바꾸든지, 본문을 바꾸었어야 마땅합니다. '자학하지 맙시다' 또는 '열등감을 갖지 맙시다' 등으로.

2) 문제점 2

예화가 외국 것 일색입니다. 얼핏 보면 선교사의 설교라는 착각이 들 정도로 외국의 인물과 사건만 예화로 소개되고 있습니다. 이 짧은 설교에 무려 8번이나 등장합니다. 갤럽기관 조사 결과, 레오 버스카글리아 교수, 의사 저술가 폴 브랜드, 무신론자 잉거솔, 민속음악가 얼빈 벌린, 어떤 미국인이 프랑스 방문할 때의 실화, 중국 여자 수영 선수 관련 인터뷰 기사, 신학자 칼 바르트 등 우리나라 인물이나 사건은 전무합니다.

이 설교자의 다른 설교를 보아도 마찬가지였습니다. 〈교만은 회개 대상 1호입니다〉 설교에서는 C.S. 루이스 교수, 설교자 사보나롤라, 빌리 그래함 목사를, 〈질투는 신앙으로만 잠재워집니다〉 설교에서는 설교가 엥그스 웰슨, 유태인 민담, 영화 '아마데우스'에 나오는 궁중악사 안토니오 살리에리, 백설공주 이야기, 세익스피어의 비극 '오델로', 마틴 루터 킹 목사, 말콤 엑스, 작곡가 슈만…… 이렇습니다. 우리나라 예화는 찾기 어렵습니다. 한국인이 한국인을 대상으로 한 설교라기보다, 외국 한인을 대상으로 한 설교 같습니다.

3) 문제점 3

불필요한 영어의 구사입니다. 물론 우리말 번역본 성경이 완벽한 것은 아니기에, 때로 원어 성경의 본문을 들어, 히브리어로는 이렇고, 헬라어로는 이렇게 되어 있다면서 보충해 설명할 필요도 있습니다.

대표적인 경우가, 부활하신 예수님이 베드로에게 나타나 세 번 '너는 나를 사랑하느냐' 물으신 대목(요 21 : 15-17)입니다.

　　그들이 조반 먹은 후에 예수께서 시몬 베드로에게 이르시되 요한의 아들 시몬아 네가 이 사람들보다 나를 더 사랑하느냐 하시니 이르되 주님 그러하나이다 내가 주님을 사랑하는 줄 주님께서 아시나이다 이르시되 내 어린 양을 먹이라 하시고 또 두 번째 이르시되 요한의 아들 시몬아 네가 나를 사랑하느냐 하시니 이르되 주님 그러하나이다 내가 주님을 사랑하는 줄 주님께서 아시나이다 이르시되 내 양을 치라 하시고 세 번째 이르시되 요한의 아들 시몬아 네가 나를 사랑하느냐 하시니 주께서 세 번째 네가 나를 사랑하느냐 하시므로 베드로가 근심하여 이르되 주님 모든 것을 아시오매 내가 주님을 사랑하는 줄을 주님께서 아시나이다 예수께서 이르시되 내 양을 먹이라

　우리말로는 다 같은 '사랑하느냐'이지만, 헬라어 원문을 보면 주님은 첫 번째와 두번째까지는 '아가파스메(ἀγαπαζ με)'(네가 나를 아가페 즉 무조건적인 사랑으로 사랑하느냐)로 물으셨고, 이에 대해 베드로는 '필레오 데'(내가 주님을 필레오 즉 친구간의 사랑, 동지적인 사랑으로는 사랑합니다)라고 답변합니다. 마지막 세 번째 와서 예수님의 질문이 바뀝니다. "필레이스메(φιλεζ με)'(네가 나를 필레오 즉 친구애, 동지애로서의 사랑으로는 사랑하느냐?"로 말이지요. 이런 경우라면 원문을 들어주는 게 참으로 필요하고 고마운 일이지요.
　하지만 이 설교에서 보이는 경우는 별로 필요하지도 않은 영어의 도입입니다.

영어성경을 보면 훨씬 더 드라마틱하게 쓰여져 있습니다. "Search me 나를 살피사, Know me 나를 아시고, Try me 나를 시험해 주옵소서"

헬라어 성경 원문을 소개하는 것도 아닌 데다, 인용한 영어 성경 본문은 우리말 번역본의 그것과 비교하여 차이가 보이지도 않습니다. 왜 굳이 영어 성경을 끌어왔는지 이해하기 어렵습니다.

구약이든 신약이든, 그 원어를 분석해 보면, 민중이 알아들을 수 있는 말이라고 합니다. 설교도 그래야 한다고 생각합니다. 누가 들어도 이해할 수 있고, 친숙해야 합니다. 설교를 듣는 사람 가운데 한 사람이라도 그 말을 못 알아듣거나 소외감이나 위화감을 느끼게 해서는 안 될 일입니다. 영어의 남용은 자칫 영어에 어두운 일부 교인들에게 좋지 않은 영향을 끼칠 가능성이 있다고 여겨집니다.

부록

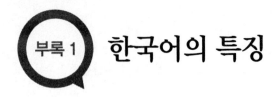

부록 1 한국어의 특징

1. 한국어는 존대법이 발달되어 있습니다. 아마 지구상에서 존대법
   이 가장 발달했다고 해도 그리 과언이 아닐 것입니다. 윗사람은
   높이고 자신은 낮추는 어휘, 조사, 어미가 발달되어 있습니다. '우
   리'는 '저희'로, '밥'은 '진지'로, '아버지께서', '하십시오' 등등이
   그것입니다. 미국 아이들은 할아버지에게도 이름을 부릅니다.

2. 주어+목적어+서술어의 구조를 가지고 있습니다. 목적어가 서술
   어보다 앞에 옵니다. 목적어가 서술어보다 앞에 옴으로써, 속마
   음 먼저 드러내는 언어입니다. 성분을(특히 주어를) 생략하지 않
   는 서구 언어는 형식성, 논리성을 중시하는 언어라 하겠습니다.
   서술어 다음에 목적어가 오다 보니, 그 말을 끝까지 다 들어봐야
   만 속마음을 알 수 있는 게 영어입니다.

3. 주어와 목적어 등 성분의 생략을 흔하게 합니다. 서구에서도 영
   어의 아버지인 라틴어, 형님 뻘인 스페인어에서 주어 생략 현상
   이 있는데, 영어에 와서 없어졌습니다. 문맥을 보면 아는 게 우리
   한국어입니다. 상황과 맥락을 중시하는 언어입니다. 눈치가 있
   어야 합니다. 그만큼 한국인의 머리가 좋다 하겠습니다.

4. 우리말로 '나는'에 해당하는 말이 영어에는 없습니다. 영어에서

는, '나는 이런데 너는 어떻다'라고 해서 보충하는 말이 들어가야 말이 됩니다.

5. '그녀, 그'라는 3인칭 대명사가 말에서는 없습니다. 글에서만 있습니다('엽기적인 그녀'). 근대 들어 일본에 유학 갔다 온 김동인을 비롯한 지식인들이 억지로 만든 말입니다. 우리는 '그 사람', '그 분', '그 아주머니', '그 아가씨' 이렇게 말합니다.

6. 서구에서는 여성 명사인지 남성 명사인지 모든 명사에 성을 부여하는데, 우리말에는 그런 게 없습니다.

7. 우리말 '인간'이라는 말이 영어에는 없습니다. 영어권에서는 사람(man) 하나 가지고, 남자와 사람을 다 표현합니다. 'human'이나 'mankind'는 '인류'라 해서 거창하게 사용할 때 동원하기 일쑤입니다.

8. '우리 아내', '우리 집'처럼 '우리'라는 말을 즐겨 합니다. 미국에는 없는 표현입니다.

9. 같은 나이나 한두 살 차이 날 때만 친구로 지냅니다. 미국은 말 자체가 반말이라 누구와도 친구가 가능합니다. 우리말에는 연장자에게는 경어법(존대법)에 따라 깍듯이 말을 바꾸어 써야 하기 때문에 친구로 지내기 어렵습니다.

10. 한국어에는 복수를 표시하는 게 영어와 다릅니다. 영어에서는 'many books'처럼, 많다는 말로 꾸밈을 받는 뒷말인 book에 복수 표시로 's'를 꼬박꼬박 붙이지만, 한국어에서는 그냥 '많은 사람'이라고 합니다. '모든 사람들'이 아니라 '모든 사람'이면 족합니다. 이게 한국어입니다. 요즘 영어를 공부한 사람들이 영어처럼, '많은 사람들', '100명의 사람들'처럼 표현하는데 잘못입니

다. 결혼식 주례사에서도 흔히, '오늘 두 젊은이들이 부부가 되었습니다'라고들 하는데, '오늘 두 젊은이가'로 표현해야 우리말답습니다.

11. 일본어와는 달리 '의'라는 소유격 조사를 우리는 흔하게 쓰지 않는 게 전통입니다. 신소설 제목 '혈의 루'는 다분히 일본어식 표현입니다. 우리는 그냥 '피눈물', '혈루'라고 해왔고 지금도 그렇습니다. '-의'를 마구 붙이는 것은 일본어 잔재입니다. 거기에 영어까지 가세하여 우리 전통이 훼손되고 있습니다. '나의 집'이 아니라 '내 집', '우리 집'으로 족한 게 우리말입니다.

12. 숫자를 말할 때 우리는 '부자 한 사람이 있었다' 또는 '부자 하나가 있었다', '한 부자가 있었다'라고 표현합니다. 영어에서는 '한 명의 부자가 있었다' 이런 식으로 표현합니다. 우리 식으로 표현해야 훨씬 자연스럽습니다.

13. 한국어에는 색채어가 발달되어 있습니다. 아마도 4계절이 뚜렷한 데다 자연이 아름다워 색채 감각이 발달한 결과가 아닌가 싶습니다. 노랗다 / 누렇다 / 샛노랗다 / 누리끼리하다 / 노르스름하다 / 노릇노릇하다 …… 영어로는 표현이 불가능합니다. 음식 조리법에 대한 말도 그렇습니다. 끓이다 / 데치다 / 익히다 / 졸이다 / 볶다 / 고다 / 삶다…… 이것도 영어로는 모두 대응하여 번역할 수 없습니다. 그러니 이런 말들을 경우에 맞게 풍부하게 구사할 수 있어야 한국인이고, 한국어다운 한국어이며 우리글다운 우리글입니다.

부록 2 글쓰기의 중요성과 비결

1. 행복한 삶과 글쓰기

무슨 일이든 잘하려면, 1만 시간 이상의 시간을 집중 투자해야 합니다. 이 사실은 《아웃라이어》라는 책에서, 이른바 성공한 사람들을 인터뷰한 결과를 근거로 주장한 내용이면서 우리 경험과도 일치해 공감할 만합니다. 따라서 1만 시간을 투자할 각오가 없다면 글쓰기를 잘하려는 생각은 접는 게 좋습니다. 내 경우만 해도 대학 다닐 때부터 지금까지 끊임없이 일기를 쓰거나 인터넷 글쓰기 등을 한 결과, 지금은 글 쓰는 게 많이 부담되지는 않으며, 단독 저서만 30권을 헤아리게 되었습니다. 계속해서 출판할 책이 많이 밀려 있습니다. 1만 이상을 훨씬 넘는, 끊임없는 글쓰기와 메모의 결과라고 생각합니다.

아리스토텔레스의 《니코마코스의 윤리학》에 따르면, 행복은 개인이 가진 가능성을 최대한 발현한 상태라고 합니다. 나도 그 말에 동의합니다. 글을 쓰는 능력은 언어와 마찬가지로 인간만이 지닌 고유한 가능성입니다. 인간 고유의 것입니다. 다가오는 100세 장수시대에, 은퇴 이전은 물론 은퇴하고 나서도 30-40년을 더 살아야 하는 우리로서, 이 가능성을 충분히 발휘해야만 행복할 수 있다고 생각합니다.

삶이란 무엇입니까? 이해와 표현의 과정이라고 말할 수 있습니다. 자기 실현이자 더불어 살기의 과정이라고도 할 수 있습니다. 말하기와 더불어 글쓰기는 생명을 유지하는 수단이면서 보호하는 장치이기도 합니다. 말하고 듣고, 글 읽고 쓰는 능력이 원활하거나 뛰어날수록 우리의 삶은 풍요로워지며, 인정도 받고, 죽은 후에도 좋은 영향을 미치게 됩니다.

글쓸 줄 모르는 사람이 있다고 상상해 봅시다. 그런 사람은 남의 글을 표절하게 됩니다. 글 잘 쓰는 사람은 표절할 필요가 없습니다. 자신의 경험과 생각을 조리를 갖추어 풍부한 비유와 수식을 더해 설득력과 감동력 있게 표현해 냅니다. 더욱이 목회하는 분들은, 하나님의 말씀과 진리를 잘 정리하고 풀어서 사람들에게 전달해야 하는데, 글쓰기가 기본입니다. 설교하기 위해서도 밑그림이나 대본과도 같은 설교 본문을 잘 작성해야 말하기도 좋을 테니까요.

2. 글쓰기의 중요성과 비결

1) 글쓰기의 중요성

정확한 사람을 만듭니다. 기록을 남김으로써 후세에 오래 기억되며 영향을 미칠 수도 있습니다. 자기 치유와 다른 사람과의 친교와 소통, 나아가 상호 이해에 이를 수 있습니다. 교회에서의 글쓰기는 하나님의 진리를 사람들에게 정확하고도 쉽게 전달하는 데 강력한 수단입니다. 글쓰기가 제대로 되어 있지 않으면 진리 전달이나 교육은 그만큼 덜 효과적일 것입니다.

2) 글쓰기의 비결

① 관찰의 생활화(자세히 보기)

② 많이 써 보기(닭이 천 마리면 봉황이 1마리) : 내 경우, 초등학교 시절부터 일기를 썼으며, 교회에서는 수십 년간 목사님의 주일 예배 설교를 듣고 나서, 설교 요약문을 써오고 있습니다. 그 과정 에서 문장력이 나도 모르게 발전하여 지금은 글쓰는 게 부담이 되지 않습니다.

③ 메모의 습관 : 내 수첩은 빼곡하게, 아이디어를 비롯해 모든 게 적혀 있습니다. 이것도 수십년간 지속된 것이라, 이것이 모여서 글쓰는 데 큰 밑천이 되고 있습니다. 최근에는 스마트폰의 저장 기능을 활용해, 녹음도 하는 한편, 주소록을 활용에 온갖 아이디 어를 저장해, 필요할 때 불러내 이용합니다.

④ 아이디어 자랑하기(소문내기) : 글쓸 일이 있으면 이것을 만나 는 사람들에게 발설하여 반응도 떠 보고, 조언도 들어 다듬으며 보완해 나갑니다.

⑤ 카페나 블로그 만들어 글을 써 올리기 : 내 경우, 이복규 교수의 교회용어 · 설교 예화 카페(http:cafe.naver.com/bokforyou)를 운영중인데, 1일 조회수가 평균 200쯤, 어쩌다 무려 4천을 넘길 때도 있으니 해볼 만합니다.

⑥ 쓴 다음에 여러 번 읽고, 남에게 읽혀서 반응 보아 고치기 : 고려 시대의 이규보 같은 문호도 무섭게 퇴고한 다음에 세상에 발표 했습니다. 소설가 황순원 선생의 경우는, 양평에 있는 문학관에 도 전시되고 있듯, 연로할 때까지, 초고지가 까매져서 알아볼 수

없을 만큼 고치고 또 고치는 과정을 거쳐 소설 한 편 한 편을 발표했습니다. 인문학 분야의 명저자 정민 교수도 그렇게 한다고 밝히고 있습니다. 일단 초고가 마련되면 소리내어 읽으면서 부자연스런 곳을 고치고 나서, 부인한테 읽어보라고 하는 등의 과정을 거친다고 합니다.

⑦ 서강대 키스터 신부의 글쓰기 훈련(내 제자 최현덕 선생이 말해준 것을 정리하되, 더러 내 의견도 보탰음)

첫째, 작품을 읽고 자기 의견을 적어내게 하되, 처음에는 4줄 분량의 짧은 글을 내게 합니다. 4-5개의 문장으로 이루어진 1단락짜리 짧은 글입니다. 단 첫번째 문장(센텐스)은 자기가 주장하는 바를 적어야 하고, 그 뒤의 문장들은 그 주장을 뒷받침하는 것이어야 합니다. 단락의 주제와 무관한 문장은 용납되지 않습니다. 한 문장은 45자 내외로 하는 게 좋습니다.

둘째, 이 훈련을 거듭하다가, 단락 글쓰기가 무르익으면, 복수 단락의 글을 지어 내게 합니다. 각 단락 간에는 긴밀한 논리적 연관관계가 있어야 합니다. 큰 주제에서 벗어난 문장이나 단락은 안 됩니다.

셋째, 토론할 때도, 주제와 관련이 있는 말만 해야 합니다. 관련성이 없는 말을 할 때는 제지하며, 연관성을 말해 보도록 요구합니다. 반대 의견도 포함하면서 자기 주장을 논증해야 하니 토론 과정에 열심을 내어 참여해야 합니다.

넷째, 작품 분량이 많을 경우, 클라이맥스 부분만 복사해서 배부하여 읽게 하고 토론합니다. 미리 생각할 거리, 의문점을 과제로 제시해, 그 질문을 의식하면서 작품이나 책을 읽어 정리해 와서

토론에 참여해야 합니다.

⑧ 서강대 명예교수 키스터 신부의 글쓰기 원칙(말하기의 원칙도 됨)

1. 한 문장(문단) 안에는 반드시 중심 개념(아이디어)이 있어야 하고, 단 한 개만 있어야 합니다.

   예 : 내 이름은 아무개이고 무슨 학교에 다닌다(?) 이름과 학교가 무슨 상관? 두 문장으로 분리해야 합니다.

2. 글 전체 즉 각 문단들은 이 중심 개념을 뒷받침해야 합니다. 서론에서는 중심 개념과 본론의 전개 순서가 무엇인지 밝혀야 합니다. 무슨 말을 어떤 내용과 순서로 할 것인지를 알게 해야 합니다. 서론이 1문단이라면, 본론은 3문단, 결론은 1문단의 비중으로 쓰는 게 좋습니다.

4. 본론에서는 서론의 전개 순서대로 중심 개념을 지지하는 이유들을 써야 합니다. 결론 부분에서는 본론을 요약하고, 마지막에 중심 개념을 다시 한 번 더 써 줍니다. 글은 항상 문단 단위로 쓰되, 구체적으로 써야 합니다.

5. 서론, 본론, 결론을 이루는 각 문단에는 반드시 중심 문장이 있고 그 중심 문장에 연관되는 내용을 적어야 합니다. "인디안들은 굉장히 계획적이었다"라는 중심 문장을 썼다면, 그와 연관 있는 내용을 보충해야 한다. 누가 봐도 인디안들이 계획적이었다는 데 동의할 수 있는 근거를 들어야 합니다.

6. 질문에 대한 대답이나 글을 쓸 때는 항상 대답(결론)부터 하고 부가 설명은 나중에 합니다. 글을 쓸 때 또는 말을 할 때, 결론부터 쓰거나, 결론을 준비한 다음에 하는 습관을 들이면 좋습니다.

7. '그래서' 또는 ( ) 안에 설명하는 방법은 최대한 줄입니다. 이런 게 많을수록 표현 능력이 없는 사람이라는 사실을 증거하는 셈입니다.

8. 문장과 문장 사이에도 연관성이 있어야 합니다. 선후 관계든 인과 관계든 말입니다.

9. 모든 글의 부분들도 서로 긴밀하게 연관되어야 합니다.

부록 3 글쓰기의 절차와 과정

세상 모든 일이 그렇듯, 글쓰기에도 과정이 있습니다. 일정한 과정을 거쳐서 한 편의 글이 완성됩니다. 주제 설정에서 시작하여 퇴고에 이르기까지의 과정에 대해 순서대로 알아보기로 합니다.

1. 주제 설정

주제란 필자가 그 글을 통해서 나타내려고 하는 중심 생각입니다. 주제가 있기에 글을 쓰는 것이며, 주제를 정하는 일은 글쓰기에서 가장 먼저 해야 할 일입니다. 글쓰기를 위해 가장 먼저 할 일은 주제 정하기입니다. 무엇에 대해 글을 쓸 것인지 정하시 않고시는 알맹이 있는 글을 쓰기 어렵습니다. 주제 설정과 관련되는 몇 가지 사항에 대해 알아봅니다.

1) 주제를 정할 때 유의해야 할 점은 무엇인가?

주제를 정할 때는 다음 네 가지 점에 유의해야 합니다.

첫째, 독자가 누구인지 생각해야 합니다. 어떤 글이든 누군가가 읽을 것을 염두에 두고 씁니다. 막연한 글쓰기는 이 세상에 없습니다. 어떤 책을 쓰고 싶어서 원고를 완성하여 출판사에 가지고 갔다고 합시다. 가장 먼저 물어보는 게 무엇인지 아십니까? "어떤 사람들을 독자층으로 생각하고 썼나요?" 이렇게 물어봅니다. 어린이를 독자로 생각한 글과 대학생을 독자로 삼은 글은 주제부터가 다릅니다. 어린이에게 어울리는 주제가 있고 어울리지 않는 주제가 있습니다. 어린이를 상대로 '남녀 교제'를 주제로 쓰는 글은 같은 주제라도 내용과 수준이 다릅니다. 아니 다르게 해야 합니다. 눈높이가 다르기 때문입니다. 이것이 선명하지 않으면 책 출판이 불가능합니다. 설교문도 마찬가지입니다.

둘째, 글을 읽는 이들에게 흥미와 관심을 불러일으킬 수 있는 참신한 것이어야 합니다. 대부분의 독자는 글에서 참신한 주제를 요구합니다. 참신한 주제는 사물에 대한 고정된 선입견에서 벗어나야 얻어집니다. 새로운 눈으로 사물을 바라볼 때, 거기에서 예전에는 미처 생각지 못했던 의미들을 발견할 수 있기 때문입니다. 그 글을 쓰는 사람만이 가지는 독특한 시각이야말로 독자에게 새로운 느낌으로 다가가 감동을 주는 요소가 될 수 있습니다. 예컨대 박지원의 〈낭환집서〉에 나오는 다음 글에서 고정관념을 거부하는 참신한 시각과 생각의 한 사례를 직접 확인해 보기 바랍니다.

임백호(임제)가 막 말을 타려는데 하인이 나서며 말했다.
"나으리! 취하셨습니다요. 가죽신과 나막신을 한 짝씩만 신으셨네요."
백호가 꾸짖으며 말하였다.

"길 오른편에 있는 자는 날더러 가죽신을 신었다 할 터이고, 길 왼편에 있는 자는 날더러 나막신을 신었다 할 터이니, 내게 무슨 상관이란 말이냐?"

이로 말미암아 논하건대 천하에 보기 쉬운 것으로서 발만한 게 없지만, 보는 바가 같지 않게 되면 가죽신인지 나막신인지도 분별하기가 어렵다. 그런 까닭에 참되고 바른 견해는 진실로 옳다 하고 그르다 하는 그 가운데에 있다.

여기서 말하는 바가 무엇일까요? 전체를 볼 수 없는 우리 눈의 한계를 말합니다. 눈은 전부를 볼 수 없습니다. 왼쪽에서 보면 가죽신만 보이고, 오른쪽에서 보면 나막신만 보입니다. 전체를 보지 못하게 하는 장애물이 있으면 한쪽밖에 못 봅니다. 그렇기 때문에 사물을 보고 인식하고 판단하는 게 아무리 옳다 해도, 어디까지나 그것은 어느 한편에서만 진실일 따름입니다. 바로 이 점을 박지원은 일깨워주고 있습니다. 우리 글쓰기에서도 이런 참신한 주제를 제시하여야 쓰는 사람도 신바람 나고 독자도 감동합니다.

셋째, 글쓰는 이가 관심을 가지고 있고 잘 알고 있는 소재를 선택하여야 합니다. 인생에서 성공하거나 보람있게 살기 위해서는 남을 모방하기보다는 자신이 잘할 수 있고 좋아하는 일을 해야 바람직한 것처럼 글쓰기도 마찬가지입니다. 아무리 주제가 좋아도 자신의 관심사도 아니고 생소한 대상이라면 피해야 합니다. 할 수만 있으면 자신 있는 주제를 택해야 힘있고 알맹이 있는 글을 쓸 수 있습니다. 그래야 즐겁게 열정적으로 쓸 수 있고, 그러나 아무리 쥐어짜도 마땅한 주제가 없을 경우에는 동료나 선배나 교수 등에게 도와달라고 해야 합니다.

넷째, 원고의 분량에 따라 주제는 적절하게 한정되어야 합니다. 너무 방대한 주제도 너무 미세한 주제도 좋지 않다는 말입니다. 더구나 원고지 분량이 제한되어 있다면 그 분량 안에서 소화할 수 있는 주제인지 아닌지를 따져서 주제의 범위를 조절해야 합니다. 채워야 할 원고지 분량은 많은데, 너무 작은 주제를 정해 놓으면 그것도 낭패이고, 원고지 분량은 적은데, 너무 큰 주제를 잡아놓으면 그것도 낭패하기 십상입니다. 자꾸 쓰는 과정을 거치다 보면 일의 견적서가 나오듯, 일정한 분량에 어울리는 주제가 무엇인지 알아차리는 감각이 생깁니다.

다섯째, 전체 글은 하나의 주제로 집중되도록 해야 합니다. '구슬이 서 말이라도 꿰어야 보배'라는 우리 속담도 있듯이, 글쓰기도 그렇습니다. 일단 그 글의 주제를 정했으면, 첫 문장에서부터 마지막 문장까지, 모든 부분은 그 주제와 연관되게 해야 합니다. 주제를 드러내는데 상관이 없는 부분은 과감하게 삭제하거나 고쳐야 합니다. 모든 부분이 주제를 위해 봉사하게 해야 합니다. 그래야 주제가 선명하게 드러나서 독자에게 진실을 전달해 감동을 줄 수 있습니다.

2) '가주제'에서 '참주제'로

글쓰기 주제로 삼을 거리는 무한합니다. 우리 각자가 경험한 모든 것이 글감이 될 수 있기 때문입니다. 그렇다고 우리가 경험한 모든 것이 다 글의 주제가 될 수 있는 것은 아닙니다. '좋은' 주제를 마련할 수 있는 구체적인 방법은 무엇일까요?

'좋은 글'(특히 논술)은 다른 말로 말하면 '주제'가 명확한 글입니다. 그 글을 읽고 나서, 주제가 선명하게 떠오를 수 있어야 좋은 글입니다. 따라서 글을 쓸 때는 우리 뇌리에 막연하게 떠오르는 내용을 붙잡아서 더 구체화하고 한정해야 합니다. 사진 찍는 것으로 비유하자면, 카메라를 어느 집에 들이댔을 경우, 그저 막연하게 그 집을 찍어서는 무엇을 보여주려고 했는지 알 수 없을 것입니다. 하지만 그 집 베란다에서 정담을 나누는 부부의 모습에 초점을 맞추어 찍었다면, 누구든지 그 사진의 주제가 그 부부의 정다운 모습이라는 것을 또렷하게 알 수 있을 것입니다.

글쓰기에서도 그렇습니다. 주제에는 '가주제(假主題)'와 '참주제'가 있습니다. '가주제'란 가짜 주제라는 뜻이 아니고, 임시로 설정한 주제 혹은 잠정적인 주제라는 뜻입니다. 넓은 주제라고 해도 무방합니다. 예컨대 '한글과 한국어'를 주제로 하는 경우와 '한글과 한국어의 차이'를 주제로 삼은 경우를 비교해 봅시다. 앞의 것은 너무 광범위해서, 한 편의 글, 아니 한 권의 책을 써도 하고 싶은 말을 다하지 못합니다. '한글'에 대한 이야기도 만만치 않은데, 거기에 '한국어' 이야기까지 하려면 벅차기 때문입니다. 하지만 알파벳이나 영어에 대한 것이 아니라 '한글과 한국어'에 대해서 글을 쓰고 싶다는 생각이 들면 일단 이것을 '가주제'로 정한 다음, 관련 자료를 더 읽고 생각을 정리하면서, 그 중에서도 '한글과 한국어의 차이' 문제를 다루는 것이 필요하다고 여겨서 그렇게 정한다면, '한글과 한국어의 차이'가 '참주제'가 됩니다. 참주제는 '글의 중심사상' 또는 '핵심진술'이라고도 합니다. 일반적으로 주제는 너무 넓으면 알맹이 없는 글이 되기 쉬우므로 한정해서 다루는 것이 좋습니다.

3) 주제문 만들기

참주제를 결정했다고 해서 저절로 글이 이루어지는 것은 아닙니다.

참주제는 글의 내용을 한정해 주는 것에 불과하므로, 실제로 글을 쓰기 위해서는, 어떤 방향으로 글을 쓸 것인지를, 뚜렷하게 한 개의 문장으로 만들어야 합니다. 이것을 주제문(主題文)이라고 합니다. 위 '한글과 한국어의 차이'를 참주제로 하여 주제문을 작성해 보면, "한글과 한국어는 다르다" 또는 "한글은 글자이고 한국어는 말이다" 따위와 같이 만들 수 있습니다.

주제문은 필자 자신의 견해와 태도를 드러낸 압축파일처럼 아주 뭉뚱그려서 드러낸 문장입니다. 필자에게는 글 전체를 전개하는 데 있어서 문제의식이나 방향감각을 잃지 않게 해주어 글의 통일성과 긴밀성을 유지하게 하며, 독자에게도 그 글의 윤곽을 예상하게 해줍니다. 주제문이 지닌 이같은 구실을 잘 감당하게 하려면, 다음과 같은 점에 유의하여 만들어야 합니다.

① 주제문은 완결된 한 개의 문장이어야 한다.
② 자신의 견해와 태도가 명확하게 드러나야 한다.
③ 표현이 정확하고 구체적이어야 한다.
④ 주제문의 내용은 객관적이고 공정해야 한다.
⑤ 너무나 자명하여 누구나 다 알거나 인정하는 내용이어서는 안 된다.

위의 요건에 맞추어 다음의 주제문들이 과연 적합한지 살펴봅시다.

(가) 한국 SF영화의 미래는 밝은가?
(나) 세상에서 가장 아름다운 꽃은 무궁화이다.

(다) 남한이든 북한이든 한글을 사용해야 한다.

위의 예들은 모두 주제문으로서 적합하지 않습니다. (가)는 의문문 형식이어서 필자의 태도가 무엇인지 드러나지 않았으며, (나)는 지나치게 주관적인 판단이 앞서서 객관성과 공정성을 지니고 있지 못합니다. (다)는 너무도 당연하여 모두가 인정하는 상식이므로 부적절합니다.

4) 소주제문 만들기

주제문은 그 글 전체의 중심 생각을 담아 한 문장으로 나타낸 것입니다. 그러므로 실제로 글을 써나가기 위해서는 이 주제문을 더 구체화하여 세분해야 합니다. 음식을 먹을 때 통째로 먹기 어려운 경우, 잘게 몇 개로 나누어서 먹는 것과 같은 이치입니다. 예를 들어보기로 합시다.

주제문 : 한국인 이름은 서양인 이름과는 다르다.
소주제문
- 한국인 이름은 성이 앞에 온다(서양인은 성이 뒤에 온다).
- 한국인 이름에는 항렬자가 있다(서양인에게는 항렬자가 없다).
- 한국인은 웃어른의 이름을 쓰지 않는다(서양인은 아버지, 할아버지의 이름을 넣어서 짓는 게 보통이다).

주제문이 글 전체의 주제를 나타낸다면, 소주제문은 글을 이루는 각 문단 혹은 단락의 주제 혹은 중심 내용을 드러낸다고 볼 수 있습니다. 이 소주제문은 다음의 단락 구성 및 개요 작성과 직접 관련을 맺습니다.

2. 자료의 선택과 정리

주제를 정하고 나면, 그 주제를 뒷받침하며 글의 내용을 이루게 될 재료를 찾아야 합니다. 그 재료를 자료라고 합니다. 온갖 책과 논문, 신문이나 잡지의 기사, 인터넷 자료 등을 동원해야 합니다. 설교의 경우는 무엇보다 1차 자료인 성경, 성경 주석서를 자세히 참고해야 할 것입니다. 주제와 관련한 참고자료를 한눈에 파악하는 데 긴요한 검색 시스템 가운데 현재로서는 RISS가 가장 강력합니다. 외국의 자료는 baidu를 비롯해 위키피디아 영어판 등을 이용해야 할 것입니다.

3. 단락 구성의 몇 가지 틀

집을 지을 때, 이러 저러한 모양과 구조의 집을 짓겠다는 생각을 가졌다고 해서 집이 되는 것은 아닙니다. 한옥을 짓기로 하고, 삼칸 집으로 짓기로 했다 하더라도, 구체적으로 그 삼칸 한옥을 어떻게 지을 것인지 자세히 설계도를 그려야만 제대로 집을 지을 수 있습니다. 마찬가지로, 글을 쓸 때도 주제가 정해지고 자료를 모으고 선택하여 정리하였으면, 이들 자료를 어떻게 얽어야 필자가 생각하는 것을 효과적으로 감동있게 전할 수 있는지 궁리해야 합니다. 어떻게 자료들을 주제에 따라 얽어짤지 머릿속으로 궁리한 바를 한 편의 글로 나타낸 것을 '구성(構成)'이라고 합니다. 글을 구성하는 데는 대체로 몇 가지 틀이 있으므로 익혀 두면, 글을 짜임새 있게 쓸 수 있고, 글을 읽을 때도 필자가 생각을 어떤 방식으로 전개했는지 깊이 있게 이해할 수 있습니다.

구성의 종류는 어떤 기준을 적용하느냐에 따라 나눌 수 있습니다. 시간적 구성, 공간적 구성, 단계적 구성, 포괄적 구성, 열거식 구성, 점층적 구성 등이 있습니다.

1) 시간적 구성

시간적 구성은 시간적 순서를 따라 글을 전개하는 방식입니다. 사건의 추이나 진행 과정을 서술할 때 이용합니다. 예를 들어 그날 하루에 있었던 일을 시간의 흐름에 따라 '아침-점심-저녁-심야'로 서술한다든지, '고대-중세-근대-현대', '유소년기-청년기-중년기-노년기', '과거-현재-미래' 등의 순서로 서술하는 따위입니다. 과거의 기억이나 체험을 회상하여야만 글을 쓸 수 있는 경우에 아주 유용합니다. 대부분의 전기나 역사는 이런 시간적 순서에 따른 연결 방법으로 단락들을 연결하고 있습니다.

이 구성은 시간의 순서만 따라서 적으면 되므로 매우 편리하기는 하나, 자칫하면 평이하고 지루한 인상을 주기 쉽습니다. 이런 위험에서 벗어나려면 때때로 시간의 순서를 바꾸어서 긴장감이 있게 하거나, 시간의 흐름에 따라 사건이 어떻게 변화하는지 집중적으로 부각시킨다든지 하는 전략을 구사하는 게 좋습니다.

2) 공간적 구성

공간적 구성은 흔히 자연 풍경이나 사물의 모습을 있는 그대로 그릴 때 이용하는 방법입니다. 시간적 구성이 움직이는 사물에 적용되는 연결 방법이라면, 공간적 구성은 움직이지 않는 사물을 다룰 때 주로 이용하는 연결 방법입니다.

이는 크게 나라별, 지역별, 장소별로 구성되기도 하고, 전체와 부분의 관계로 구분되기도 합니다. 전자의 예로는 '아시아-아프리카-유럽-오세아니아-미주', '천상-지상-지하', '서울-부산-광주-평양', '한대-온대-열대' 등을 들 수 있고, 후자의 예로는 '서경대학교-청운관-1층-구내서점', '정릉4동-성북구-서울-대한민국' 등을 들 수 있습니다.

공간적 구성은 대상의 모양이나 상황을 묘사하는 데 아주 유용한 방법입니다. 사물의 구조나 조직, 체계를 설명하는 데도 많이 이용됩니다.

3) 단계적 구성

3단 구성, 4단 구성, 5단 구성 등의 짜임이 여기 해당합니다. 3단 구성은 '서론-본론-결론', '도입-전개-결말', '초장-중장-종장' 등 우리가 이미 잘 알고 있는 형태이고, 나머지는 이 3단 구성을 발전시킨 형태입니다. 예컨대 4단 구성은, '서론-본론1-본론2-결론', '발단-전개-발전-정리', '기-승-전-결' 따위의 형식을 취하는 구성을 말하며, 5단 구성은 '현상 파악-문제 제기-원인 분석-해결 방안-정리', '주의 환기-문제 제기-문제 해명-해명의 구체화-요약 · 남은 과제' 등의 형태입니다.

단계적 구성은 글 전체가 논리적이고 유기적이어서, 논증문을 비롯하여 요약 발표나 조사 보고서 작성할 때 흔히 이용합니다.

4) 포괄적 구성

포괄적 구성은 글의 주제 즉 핵심적인 생각을 어디에 두느냐에 따라 나누는 형식입니다. 말하고자 하는 중심 내용을 앞에 두면 '두괄식 구성' 또는 '연역적 구성', 뒤에 두면 '미괄식 구성' 또는 '귀납적 구성'이라고 합니다. 중심 내용을 강조하기 위해 앞뒤에 모두 배치하기도 하는데 이를 '양괄식(쌍괄식) 구성'이라고 합니다.

두괄식 구성은 저널형 글쓰기에서 많이 이용됩니다. 보도 기사의 경우, 사건의 핵심을 요약한, 소위 리드(lead)라고 하는 전문(前文)을 맨 앞에 놓고, 그 다음에 사건 발생의 이유와 배경 따위를 서술하는 방식입니다. 보도 기사 유형에서는 이를 역피라미드형이라고 부르는데, 최근 인터넷 매체의 발달과 함께 속보 경쟁 때문에 이런 유형이 애용되고 있습니다. 하지만 대학 글쓰기에서는 짧은 형식의 글을 쓰는 데는 적합하나, 논문 형식의 글이나 에세이 형식의 글에서는 이보다는 양괄식 구성을 더 애용하는 편입니다.

5) 열거식(병렬적) 구성

열거식(병렬적) 구성은 주로 설명문에 많이 이용하는데, 대상이 여럿이고, 이들 사이에 우열의 차이나 중요도의 차이가 없을 경우에 이용합니다. 여러 가지 내용을 순차적으로 나열하는 구성입니다. 따라서 논리가 정연한 글을 쓰는 데는 부적합하지만, 우리들이 글쓰기를 할 때 흔하게 이용하는 형태입니다. 아시아의 지게, 아프리카의 지게,

이런 식으로 주욱 나열하는 방법입니다. 생각하기도 쉽고 정보 전달도 빠르지만 정보 전달 이상의 내용, 즉 필자의 주장 따위를 강렬하게 전하기는 어렵습니다.

6) 점층적 구성

점층적 구성은 정보를 조금씩 추가하여 뒤에 가서야 완전히 그 내용을 알게 되는 방법입니다. 본론의 문제나, 문제 해결의 가짓수가 많을 때, 중요성이 덜한 것에서부터 더한 것으로 나아가거나, 반대로 나아가거나 하는 방식입니다. 후자의 경우는 엄밀히 말하면 '점층'이 아니라 '점강적 구성'입니다.

4. 개요 작성

구성이 어느 정도 마무리되면 개요 작성으로 들어갑니다. 개요란, 글을 쓰기 전에 자신이 쓸 글의 내용을 메모해 놓은 것입니다. 머릿속에 구상하고 설계하는 내용을 도식화하여 메모해 보는 것은 매우 필요하고도 유익합니다. 개요를 작성해 보면 자신이 쓸 글의 전체적 흐름을 명확하게 알 수 있습니다. 따라서 개요 작성을 통해서, 부족한 부분은 보충하고 과다한 부분은 잘라내고 글의 통일성을 해치는 부분을 없애는 등 글 전체의 균형을 잡을 수 있습니다. 짧은 글이야 굳이 개요 작성을 할 필요가 없지만, 긴 글의 경우에는 개요 작성을 반드시 해야 합니다. 개요를 작성할 때 유념할 점들은 다음과 같습니다.

첫째, 먼저 제목을 정하고 주제문을 작성한다.

둘째, 주제를 드러낼 논점을 자세히 열거하고, 이들이 어떤 관계를 지니는지 찾는다.

셋째, 각 논점들에 포함된 세부 사항을 생각하고, 이를 드러낼 보기, 인용 등을 생각한다.

개요는 화제식 개요와 요약식 개요 두 가지가 있습니다. 화제식 개요는 글의 내용을 '술이 사람에게 미치는 영향'처럼 '구(句)'나 '절(節)' 형태로 간략하게 제시하는 방식이고, 요약식 개요는 '술은 사람에게 영향을 미친다'처럼, 글의 대략적인 줄거리 및 표현 의도 따위를 간략하게 요약된 문장으로 적는 방식입니다. '술에 대한 성경의 서술 양상'을 주제로 삼아 글을 쓸 경우, 개요 작성을 어떻게 할 수 있는지 생각해 보기로 합시다.

먼저, 화제식 개요로서 3단 구성의 형식을 갖게 해 봅니다.

Ⅰ. 머리말(서론)
Ⅱ. 술에 대한 성경의 서술 양상
   1. 술이 지닌 긍정적인 기능에 대한 성경의 서술
   2. 술이 지닌 부정적인 기능에 대한 성경의 서술
Ⅲ. 맺음말(결론)

일단 이런 개요가 가능합니다. 이렇게 개요를 작성하면, 모아 놓은 자료를 이에 맞추어 분류하면 되므로 아주 편리합니다. 이 개요에서는 본론 부분이 둘로 나뉘어 있다는 것을 알 수 있습니다. 흔히 '본론'

이란 표현에 얽매인 나머지, 이런 경우 Ⅱ장 부분을 다음과 같이 적기
십상입니다.

>Ⅱ. 본론
>>1. 술이 지닌 긍정적인 기능에 대한 성경의 서술
>>2. 술이 지닌 부정적인 기능에 대한 성경의 서술

하지만 '본론'이란 말은, 그 내용의 성격을 봤을 때, '본론'에 해당
한다는 얘기지, 그 전체의 제목을 반드시 '본론'이라고 적어야 한다는
것은 아니니 오해하면 안 됩니다.

4단 구성으로 작성할 수도 있습니다.

>Ⅰ. 도입부
>Ⅱ. 술이 지닌 긍정적인 기능에 대한 성경의 서술
>Ⅲ. 술이 지닌 부정적인 기능에 대한 성경의 서술
>Ⅳ. 맺음말

4단으로 구성한 이 개요를 자세히 살펴보면, 앞 3단 구성의 두 번째
것과 내용은 같다는 것을 알 수 있습니다. 3단 구성에서 본론을 이루
는 두 개의 절을, 각기 별개의 장으로 독립시켜 4단 구성으로 재구성
하였기 때문입니다. 두 개의 절이 대등한 무게와 비중을 가지고 있기
에 그것이 가능합니다.

5단 구성도 가능합니다. 그럴 경우에는 Ⅳ장에서 술에 대한 필자의

주장이나 태도나 해석을 드러낼 수 있습니다. 예컨대 다음과 같은 개요 작성이 가능합니다.

  Ⅰ. 도입부
  Ⅱ. 술이 지닌 긍정적인 기능에 대한 성경의 서술
  Ⅲ. 술이 지닌 부정적인 기능에 대한 성경의 서술
  Ⅳ. 술에 대한 바람직한 인식과 자세
  Ⅴ. 맺음말

  3단 구성이나 4단 구성으로 개요를 작성했을 때는 설명문으로서는 나무랄 데가 없으나, 뭔가 밋밋한 감이 있습니다. 그러나 5단 구성은 다르다는 것을 느낄 수 있을 것입니다. 앞의 장들을 토대로 하여 Ⅳ장에서 필자의 주장을 또렷하게 제시할 수 있기에, 논증문의 개요로서는 훨씬 바람직하다고 할 수 있습니다. 하지만 3단 구성이나 4단 구성을 가지고서도, 궁리를 거듭하면 논증문으로서의 선명성을 보여주는 개요을 구성할 수 있으니, 자꾸 작성하고 또 생각하여 수정하는 노력이 필요합니다. 이런 경험이 축적되다 보면, 특정 주제와 가장 궁합이 맞는 개요가 무엇인지 자연스럽게 떠오르는 순간이 오게 됩니다.

5. 글쓰기의 실제

  개요 작성에서 단락 개요를 작성했다면 글을 쓰기는 어렵지 않습니다. 개요를 작성하는 과정에서 각 단락마다 해야 할 이야기들을 정리해 놓았기 때문입니다. 그뿐만 아니라 각 단락이나 부분에서 이용할 자리까지 정리해 놓았다면, 글쓰기는 수월합니다. 단, 글쓰기의 기본 소양에 해당하는 다음의 유의 사항들을 잘 알아두고 익혀두어야 합니다.

1) 머리말(도입부, 들머리, 서론) 쓰기

머리말 부분에서는 무엇에 대하여 쓰는지(글을 쓰는 대상 또는 주제), 왜 글을 쓰는지(글을 쓰는 동기와 목적), 글의 개략적인 전개 방향 등을 밝혀야 합니다. 논문의 경우에는 반드시 그 문제에 대해 그 동안 얼마나 연구되었는지 이야기해야 하는데, 이미 결론이 나서 더 할 말이 없는 주제라면 글을 쓰면 안 됩니다. 연구가 끝난 것을 가지고 글을 쓸 경우 표절 시비에 휘말립니다. 논증문에서도 그 정신은 같습니다. 그 주제에 대해 이런 저런 논의가 있으나 아직도 내가 할 말이 있습니다, 그 동안의 논의를 바탕으로 새로운 접근 방법이나 새로운 해석이나 주장이 있어서 집필하게 되었다는 점을 밝혀야 합니다. 예문을 두 개 들어 보면 다음과 같습니다.

① 강물이나 바닷물의 오염이 매우 심각하다는 것은 모두 다 알고 있는 일이지만, 지하수 오염의 심각성을 깨닫고 있는 사람은 극히 드물다. 아마도 이러한 까닭은 지하수의 오염이 강물이나 바닷물처럼 당장 눈에 띄지 않기 때문일 것이다. 그러나 이제 지하수 오염도 상당히 심각한 지경에 이르렀으며, 이에 대해 적극적으로 대처하지 않으면 조만간에 이로 인한 값비싼 대가를 치르게 될 것이다.

② 3월 15일, 한국의 대통령 선거일에 조용했던 마산시를 뒤흔든 시위가 있었다. 이 날 김주열이라는 16살 학생이 실종되었고, 그는 결국 돌아오지 않았다. 이 사건에 대해 경찰은 전혀 아는 바가 없다고 주장했다. 하지만 지난 주 마산의 한 어부가 바닷가에서 김주열 군의 시신을 끌어올렸다. 시신의 머리에서는 선거일 당시 시위대를 진압하려고 마산시 경찰이 사용했던 최루탄 파편이 발견되었다. 이 소식이 마산시에 알려지자 고등학생들을 중심으로 격분한 만여 명의 시민들이 김 군의 주검이 안치된 곳으로 몰려가 "서울로 가져가서 국회에 보여 주자"며 시신을 요구했다. 당국자가 거절하자 군중들은 분노했다. 군중들은 마산 시청과 자유당 마산 지구당을 점거하고 이승만 대통령의 사임을 요구했다. 그러던 중 어느 양조장에서 자유당 부통령 후보 이기붕에게 미리 표시되어 있는 투표 용지가 무더기로 발견되었다. 이틀 뒤 학생들은 "부정 선거는 무효다", "피로 이룩한 자유를 무력에 의해 빼앗길 수 없다"는 내용의 플래카드를 앞세우고 시가 행진을 했다.(1960년 4월 25일자 미국 '타임'지 기사)

머리말 중에서도 그 첫 문장은 특별히 중요합니다. 독자의 처지에서 생각해 봅시다. 처음의 한 두 줄을 읽어보고 호기심이 발동하면 계속 그 글을 읽지만, 그렇지 않을 경우 더 이상 읽지 않습니다. 요즘 같이 읽을거리가 넘쳐나는 시대, 속도가 미덕인 시대에, 흥미도 없고 새로운 내용도 없는 글을 끝까지 읽어줄 독자는 없습니다.

그렇다면 첫 문장을 효과적으로 쓰기 위한 비결은 무엇일까요?

첫째, 새롭거나 흥미있는 내용으로 독자의 시선을 대번에 사로잡을 수 있게 합니다.

둘째, 누구나 알거나 관심을 가진 일반적인 내용으로 시작하여 자연스럽게 독자를 다음 문장으로 유도합니다.

셋째, 유명인의 말이나 격언 등 권위 있거나 감동적인 말을 인용하면서 출발합니다.

넷째, 구체적이고 생생한 사실로 출발합니다.

다섯째, 해설이나 설명보다는 자신의 구체적인 체험과 사례를 제시합니다.

여섯째, 가능한 한 짧고 간명하게 씁니다.

일곱째, 과거형보다는 현재형, 명사보다는 동사나 형용사, 추상적인 말보다는 구체적인 말로 씁니다,

2) 본문 쓰기

시작을 아무리 잘했다 하더라도 본문이 이를 뒷받침해 주지 못하면 헛수고입니다. 가수가 무대 위에 나와, 농담이나 미모로 청중의 관심을 끌어 모으는 데 성공했다 해도, 노래를 시원치 않게 부를 경우, 그 공연은 실패로 돌아갈 수밖에 없는 것과 같은 이치입니다. 글의 가치는 결국은 본문의 완성도에 달려 있습니다.

본문은 머리말에서 제기한 문제나 화제에 대하여 필자가 자신의 참신한 생각을 바탕으로 본격적으로 서술하는 부분입니다. 본문을 쓸 때 유의할 점들은 다음과 같습니다.

① 주제에 초점이 맞추어져야 합니다. 모든 글에는 필자의 목적과 의도가 들어 있고, 이것이 주제문으로 드러납니다. 주제문은 여러 개의 소주제문에 의해서 구체화됩니다. 따라서 모든 소주제문은 주제문을 잘 뒷받침할 수 있도록 적절하게 만들어야 합니

다. 주제가 선명하지 못하거나 여럿인 글은 결코 좋은 글이라 할
수 없습니다.

② 주제의 내용과 범위에 맞아야 합니다.

머리말에서 제시된 주제의 범위에 걸맞게 자료들을 이용하고
단락을 설정하여 깊이 있게 글을 써야 합니다. 많이 쓴다고 능사
가 아니니, 주제가 제시하는 한정된 범위 안에서 그 주제와 관련
된 내용만을 깊이 있고 충분하게 다루어야 합니다. 그래야만 그
주제를 다룬 다른 글과 구별되는 개성과 가치를 발휘할 수 있습
니다. 자신이 다루겠다고 앞에서 내걸었던 그 주제에 대해서만
본문에서 말하면 되지, 주제 바깥의 것에 대해서까지 말해야 할
의무는 없으니 명심해야 합니다.

③ 단락 전개를 긴밀하고 합리적으로 해야 합니다.

주제문은 소주제문에 의해 구체화하며, 소주제문은 하나의 단
락을 이루기 마련입니다. 이때 단락들이 주제를 중심으로 형식
과 내용 면에서 긴밀하게 결속되어 있으면 있을수록 짜임새 있
는 글이 되고 주제가 선명해집니다. 아울러 각 단락의 논지가 한
쪽으로 치우치지 않고 공정해야만 합리적인 글이 되는데, 합리
성이 많이 확보할수록 설득력이 커집니다.

④ 새로운 인식과 개성적인 사고를 통해 독창적인 내용을 담아야
합니다

독자는 자기가 읽는 글을 통해 무엇인가 새로운 정보를 얻거나
신선한 느낌을 받고 싶어합니다. 그러므로 독자의 그와 같은 요
구와 기대를 채워줄 수 있도록 본문을 전개해야 합니다. 이미 상
식적으로 다 아는 내용을 그저 그런 방식으로 글을 써서는 독자

를 만족시킬 수 없습니다. 다 아는 내용이라도 그 새로운 면을 부각시키거나 참신한 방법으로 접근하거나, 아니면 새로운 자료를 제시함으로써, 독자로 하여금 신선한 충격을 느끼고 지적인 즐거움을 맛보게 해야 합니다.

⑤ 글의 갈래에 어울리게 단락을 전개해야 합니다.

'논증, 설득, 묘사, 서사' 등 글의 갈래에 따라 단락의 전개 방식도 달라져야 합니다. 갈래의 특성에 맞추어 거기 어울리게 본문을 써나가야 자연스럽습니다.

논증적인 글이라면 논지를 '정(正)-반(反)-합(合)'의 변증법적 방식으로 전개시켜 나가는 것이 바람직합니다. 아울러 특정 작가의 생애에 대한 글이라면 시간적 순서나 공간적 질서에 따라 단락을 발전시켜 나가는 게 좋습니다.

⑥ 글의 표현방식이 다양하고 리듬감이 있게 해야 합니다.

노동을 하더라도 단순하고 반복적으로 하면 지루하여 쉽게 지치지만, 변화를 주어가면서 하고 노래도 부르며 리듬에 맞추어서 하면 즐겁게 할 수 있습니다. 글쓰기도 그렇습니다. 서술문, 의문문, 청유문, 명령문 등을 다양하게 구사하고, 비유법, 강조법, 변화법 등의 표현기교가 적절하게 구사되면 글이 단조로워질 수 있는 위험에서 벗어나 생동감 있게 합니다.

3) 마무리(맺음말) 쓰기

마무리는 머리말에서 제기되고 본문에서 깊이 논의된 사실들을 마지막으로 점검하고 종합하여 정리하는 부분입니다. '화룡점정(畵龍點睛)' 또는 '유종(有終)의 미(美)'란 말이 있듯이, 글도 마무리를 어떻게 하느냐에 따라 글의 가치가 달라집니다. 독자들에게 깔끔하고 합리적이라는 인상을 주면서도 타당성이 있고 설득력이 있다는 느낌을 가지게 해야 합니다.

글을 마무리하는 요령으로 대표적인 것 몇 가지를 소개하면 다음과 같습니다.

① 요약하기

가장 흔한 마무리 방법입니다. 머리말에서 주제나 목적을 제시하고 본문에서 논증한 다음, 결말에서 이것을 다시 요약해 주면, 독자의 뇌리에 그 글의 주제가 선명하게 각인될 수 있습니다. "이상에서 무엇무엇에 대해 살펴보았다", "앞에서 논의한 것처럼 무엇은 어떠하다" 대개 이런 말을 하면서 결말을 이끕니다. 요약을 잘 하면, 그 부분만 읽어도 그 글 전체 내용의 대강을 알아차릴 수 있습니다.

요약하는 것으로 글을 마무리하는 방법에 몇 가지가 있습니다.

첫째, 필자의 생각을 더 이상 보태거나 발전시키지 않고, 본문에서 이미 다룬 내용이나 주장을 줄거리 쓰듯 요약하는 방법입니다. 이 경우에는 내용 전달의 객관성과 글의 통일성을 유지하는 데는 좋으나, 자칫하면 같은 내용이 반복되기 때문에 글이 느슨해실 염려가 있습니다.

둘째, 본문의 내용을 요약하되, 그 본문 전체의 내용을 다시 한 번 포괄하는 문장을 요약문의 앞이나 뒤에 보태는 방법입니다.

셋째, 우선 본문의 내용을 요약하되, 줄거리 쓰듯 하지 않고, 그 내용을 일반화 혹은 추상화하는 각도에서 요약합니다. 그리고 나서 이를 통해 주제와 관련된 본문의 핵심 부분이나 글의 제목을 다시 초점으로 부각시키면서 마무리하는 방식입니다.

② 제언이나 전망을 보태기

이상의 사실을 바탕으로, 이 문제의 해결을 위해 몇 가지 제언하고자 한다.

첫째, '한글'의 사전적인 개념 규정이 맞고, 현 상황이 왜곡된 것이라면 이 문제를 해소하기 위해 노력해야 한다. 초중등 국어교육에서 '국어(한국어)'의 의미, '한글'의 의미, '국어'와 '한글'의 관계가 무엇인지 반드시 포함해 가르치도록 해야 한다. 특히 국어교사들에게는 그 점을 분명하게 인식하여 제대로 가르치게 해주어야 한다. 아울러 이 글에서 지적한 여러 가지 잘못된 한글 관련 용어와 표현들이 더 이상 쓰이지 않도록, 국립국어원이나 관련단체에서 일정한 영향력을 행사하여야 한다.

둘째, '한글'에 대한 사전적인 개념 규정보다 현재 사람들이 사용하는 뜻, 즉 '우리 글'이나 '우리말'을 존중하기로 한다면, 국어사전을 고쳐야 하지 않을까 한다.

셋째, 이 글을 쓰면서 비로소 발견한 사실인데, '영문'이나 '일문'처럼, '우리 글'을 의미하는 한자어가 사실상 없다. '국문'은 이미 갑오경장 이후에 조선시대에 '우리 글자' 즉 '훈민정음(정음)'을 가리키던 '언문'을 대체하여 부른 명칭이므로, '우리 글'이라고만 하기 어렵게 되어 있다(실제 국어사전에서도 '국문'은 '우리 글자'까지 포함하는 어휘로 규정되어 있음). 국권침탈기에 쓰던 '한나라글', '우리나라글', '배달글'이란 단어를 재활용하든지, '한국문' 혹은 '한문'으로 하든지, 또는 '국문'이라고 하되 '글자'의 개념을 배제하고 '우리 글'만을 의미하는 단어로 고쳐서 개념을 규정하는 것이 타당하다고 생각한다. 그래야만 '한글'에 대한 인식도 바르게 잡혀간다고 보기 때문이다. '우리 글'만을 가리키는 단어가 없거나 불완전하기 때문에 '한글=국문'이란 인식이 계속하여 생겨난다고 여겨지기 때문이다.

위의 예문은 한글이란 말이 우리말로까지 잘못 쓰이는 문제를 다룬 글의 맨 마지막 부분입니다. 이렇게 요약 뒤에 일정한 제언이나 전망을 덧붙이는 방식이 있습니다. 그 글을 통해서 밝혀진 사실에 근거하여, 필자가 사회를 향해, 그 문제의 해결을 위해 촉구하는 일정한 의견을 담고 있습니다.

③ 일반화하기

본문에서 논의한 내용을 더 확대 일반화하는 방식입니다. 이렇게 함으로써 한 가지 한정된 사실에 대해서 이야기하였지만, 그것을 포함하거나 그것을 둘러싼 일반적이고 보편적인 문제에 대한 관심을 가지게 함으로써, 독자의 시야를 한층 더 활짝 열어주는 구실을 합니다. 눈치 빠른 독자는 이 같은 마무리에서 자극을 받아, 이와 관련된 또 다른 글을 구상할 수도 있을 것입니다.

④ 격언이나 명언 등을 인용하기

본문의 내용을 함축하여 나타낼 만한 격언, 속담, 명인, 구절 등으로 끝맺는 방식입니다. 제대로만 하면, 그런 생각을 필자만이 아니라 다른 사람들도 지지한다는 사실을 강조하는 효과를 가져 그 글의 설득력을 높이게 합니다.

"살아남은 것은 가장 강한 종도 아니고, 가장 똑똑한 종도 아니다. 그것은 변화에 잘 적응한 종이다."

최근 경쟁력이 강조되면서, '생존전략'이니 '경쟁력 제고' 따위의 주제를 다룬 글들이 많이 나옵니다. 그런데 어느 글의 마무리를 보니, 위처럼 다윈의 말을 그대로 인용하면서 끝맺고 있었습니다. 전체 내용을 잘 머금고 있으면서 변화에 적응해야 한다는 생각을 가지게 할 만큼 강력한 효과를 지녔다고 여겨집니다.

⑤ 명령이나 청유

명령문으로 마무리함으로써 필자의 확신을 힘있게 전달하며, 독자들에게 더 큰 희망과 용기를 불어넣을 수 있습니다. "무엇무엇을 하자" 또는 "무엇무엇을 해야 할 것이다" 등 예상되는 독자가 누구인가를 고려하여, 독자가 거부감을 느끼지 않도록 명령의 수위나 어조를 조절하는 게 좋습니다.

청유에 의한 마무리는 필자와 독자가 뜻과 행동을 함께하기를 요청할 때 이용합니다. 주어진 문제가 공동의 것이요, 우리 모두의 것임을 강조할 때 이용하면 좋습니다. 예컨대 "친구들아, 무엇무엇에 대해 다시 한 번 생각하자" 이런 투로 끝맺는 것을 말합니다.

4) 제목 달기

제목은 글의 내용을 집약한 것으로서, 큰제목, 부제목(부제), 작은제목(소제목), 중간제목으로 나눕니다. 부제목은 큰제목의 내용을 부연 설명하는 것으로서, 큰제목의 바로 옆이나 아래에 달아둡니다. 소제목은 각 장, 절, 항, 목에 붙이는 제목입니다. 중간제목은 신문 칼럼이나 잡지에서 글의 중간에 끼워넣는 제목을 말합니다. 제목은 글의 내용을 요약해서 제시할 뿐만 아니라, 독자의 주의를 집중시키고 흥미를 유발하는 구실도 가지므로, 본문보다 크고 굵게 표시하여 본문과 구분하는 것이 보통입니다.

예 : **요한과 더불어** ----- 큰제목
   -요한복음 설교집   ----- 부제목(부제)

제목은 글을 쓰기 전에 달 수도 있으나 글을 다 쓴 뒤에 붙일 수도 있습니다. 글을 써나가면서도 더 좋은 제목이 떠오르면 고치기도 하는데, 대개는 제목을 먼저 달고 나중에 고칩니다.

제목(題目)이란 한자말에 '눈 목'자가 들어있는 것을 유의할 필요가 있습니다. 우리가 상대방의 눈을 보면 그 사람의 됨됨이를 어느 정도 알아챌 수 있듯이 글도 그렇습니다. 제목은 글의 전체 내용을 대표할 수 있어야 합니다. 신중하게 지어야 합니다. 독자는 제목만 보고도 그 글을 읽을 것인지 말 것인지 결정합니다. 예전에야 읽을거리가 절대 부족했으므로 한 가지 글을 읽고 또 읽고 했지만 정보가 넘쳐나는 요즘은 그렇지 않습니다. 신문을 읽거나 인터넷 웹 서핑을 할 때를 생각해 봅시다. 내용을 다 읽지 않고 제목만 보고 넘어가곤 합니다. 그러므로 본문까지 읽게 하려면 뻥이하거나 추상적인 제목을 피해야 합니다. 그렇다고 내용과는 동떨어지게 너무 선정적이고 자극적인 제목을 다는 것은 비윤리적입니다.

한국기자협회에서 '제목 달기의 일반 수칙'을 정한 게 있어 여기 제시합니다. 눈여겨 두면 제목을 다는 데 참고가 되리라 기대합니다(단 18번 항목은 논증문에서는 따를 필요가 없음).

1. 첫 행에서 전체 기사 내용을 정확하게 표현해야 하며 그렇지 못할 경우에는 기사의 가장 대표적인 특징을 말하고 있어야 한다. 육하 원칙(5W1H)을 적절히 활용하는 것은 물론이다.
2. 각 행의 글자수는 엄격하게 정해진 규칙에 따라야 하며 너무 많거나 적으면 안 된다. 동의어를 찾아내어 적절히 활용한다.
3. 한 제목이 여러 행으로 이루어졌을 때 각 행은 각기 독특한 내용을 담아야 하며 형태로도 완전히 독립된 전문(前文) 형식의 문장이어야 한다.
4. 하나의 사실은 결코 반복 표현되어서는 안 되며 각 행은 다른 행이 품지 않은 새로운 정보를 말하든지 아니면 진전된 상황을 담고 있어야 한다.
5. 편파적이거나 혼란을 일으킬 염려가 있거나 모호한 표현의 제목은 피해야 한다.
6. 기획 기사에는 기획 기사 제목을 붙여서 스트레이트 기사와 구분한다.
7. 제목은 새로운 것과 움직임을 함축하고 있어야 함으로 동사를 중추로 하는 술어를 갖춰야 한다.
8. 동사는 피동형보다 능동형이 더 적격이다.
9. 동사의 시제는 현재와 미래뿐이다. 비록 현재로 표현되었다 해도 그것은 과거를 뜻하는 것이며 현재와는 관계가 없다.
10. 제목의 낱말은 생생하고 신선한 것이어야 하며 둔탁하거나 진부한 낱말은 피해야 한다.
11. 같은 낱말이 한 제목에 되풀이되지 않도록 해야 한다.
12. 전달할 사상을 담기 위한 적확한 낱말을 골라야 한다.
13. 제목 낱말은 사투리를 피해야 한다.
14. 신조어는 엄격히 삼가야 한다.
15. 제목 문자의 끝에 종지부(마침표)는 필요 없다.

16. 약어의 사용은 널리 알려져서 이해가 빠른 것 외에는 가급적 피하는
    것이 좋다.
17. 꺾기나 건너뛰기 제목에서 각 행은 각기 완전한 낱말을 갖추도록 해
    야 하며, 한 낱말이 두 행에 걸치지 않도록 해야 한다.
18. 편집 기자의 주관은 되도록 배제해야 한다.
19. 고유 명사(책 이름이나 연극, 영화, 세미나)를 제외하고 장황한 수
    식은 피하는 것이 좋다.
20. '반진실(半眞實)'은 피하는 것이 좋다. 때로 이런 제목은 중상 모략
    의 원인이 된다.

5) 퇴고

글이 완성되었다고 해서 바로 발표하면 안 됩니다. 다듬고 고쳐야
합니다. 이 과정을 퇴고라고 합니다. 이 작업도 글쓰기의 한 과정입니
다. 명백한 오자나 탈자를 비롯하여 부자연스럽거나 잘못된 표현이
발견되면 그만큼 그 글에 대한 신뢰는 사라집니다. 좋은 평가를 받을
수도 없으려니와 설득력도 떨어져서, 글을 쓴 보람이 적어집니다. 요
즘은 컴퓨터의 편집 기능을 이용하여 얼마든지 어휘와 단락을 바꿀
수 있으며, 앞뒤의 배열을 다시 할 수노 있어, 수정 작업이 쉽니다.
더욱이 띄어쓰기와 맞춤법에 어긋난 부분을 컴퓨터가 자동으로 알아
서 바로잡아 주거나 표시해 주니 얼마나 좋은 세상인지 모릅니다.

퇴고할 때 어떤 마음가짐과 자세로 해야 하는지, 고려시대의 문인
이규보가 아주 인상적인 말을 했습니다.

"무릇 시가 완성이 되면, 반복해서 보되, 요컨대 자기가 지은 것으로

여기지 말고, 마치 남이 지은 것으로 보거나, 평생토록 매우 증오하는 사람이 지은 시로 볼 일이다. 그렇게 여기면서 조금이라도 하자가 있는지 샅샅이 살펴보아도 끝내 그 하자를 발견할 수 없거들랑, 그제야 세상에 내놓아 유통되게 해야 한다."(이규보, 〈백운소설〉에서)

퇴고의 자세에 대해 이처럼 절절하게 말한 사람은 없다고 보일 만큼 이규보의 충고는 적실합니다. 내가 지은 것으로 여겨서는 퇴고가 안 된다. 남이 지은 양, 아니 원수가 지은 글인 양, 허점이나 티를 발견하기 위해 눈을 부릅뜨고 보아야 합니다. 객관화하여 보아야 합니다. 과연 무엇을 어떻게 살펴야 할까요? 필자의 시각에서 살피기와 독자의 시각에서 살피기로 나누어서 알아봅니다.

1. 필자의 시각에서 살피기

1) 글 전체를 다시 살피기

① 글을 쓴 목적 즉 주제가 잘 실현되었는지 점검합니다. 주제가 분명하게 드러나 있는가? 주제에서 벗어난 부분은 없는가? 최초의 주제와 달라진 점은 없는가? 주제와 관련하여 오해의 소지는 없는가? 자료는 주제를 드러내기에 알맞은가? 주제는 독창적이고 합리적인가?

② 글 전체의 흐름이 유기적이고 통일성을 유지하고 있는가? 글의 구성과 개요를 그대로 잘 따랐으며, 전후 맥락이 유기적으로 잘 짜여졌는가? 문단의 구분, 상위 항목과 하위 항목 간의 관계는

적절한가?

③ 선택한 구성은 주제를 전달하는 데 효과적인가? 혹시 더 나은 방법은 없는가? 글의 앞뒤를 새롭게 배치할 필요는 없는가?

④ 글 전체의 분량은 물론 각 항목의 분량이 적절하며 균형이 잡혀 있는가? 두 항목을 통합하거나 세분화할 필요는 없는가?

⑤ 글의 크고 작은 제목이 적절한가? 전체 제목을 훑어보았을 때 지나치게 무겁거나 딱딱하지는 않은가? 너무 가볍거나 선정적 이지는 않은가?

2) 문단(단락)별로 다시 살피기

① 각 문단의 소주제가 글 전체의 주제를 드러내는 데 효과적인가?

② 각 문단의 소주제는 부족함이 없이 충분히 전개되었는가?

③ 문단과 문단의 연결은 긴밀한가? 각 문단이 가진 소주제들이 유기적인 관련을 맺으며 논지가 전개되어 있으며, 그 연계성이 글 전체의 주제를 잘 드러내고 있는가?

④ 하나의 단락 속에는 동일한 내용과 논점만을 다루었는가?

3) 문장별로 다시 살피기

① 문장을 소리내어 읽어 보았을 때, 흐름이 부자연스러운 곳, 문법에 어긋난 곳(비문)은 없는가? 문장의 리듬이 적절한가? 호흡이 너무 길어 숨이 차거나 툭툭 끊기는 대목은 없는가? 첫 문장은 매력적인가?

② 문장의 길이가 지나치게 길거나 구조가 복잡한 곳은 없는가? 뜻이 모호하거나 이중적으로 해석될 가능성이 있는 곳은 없는가?

③ 한글맞춤법과 외래어 표기법에 어긋난 표현은 없는가? 어휘 선택은 적절한가?

④ 숫자와 고유명사는 정확한가? 한자를 잘못 표기(변환)한 것은 없는가?

⑤ 채팅 언어, 은어, 이모티콘, 외계어 등이 사용되지는 않았는가? 문장 부호는 바르게 사용했는가?

⑥ 문장의 스타일은 어떠한가? 각 문장의 처음과 끝에 같은 어휘가 반복되지는 않았는가?

⑦ 잘못 사용된 어휘는 없는가? 단어의 의미가 부적절한 것, 어려운 한자어, 외국어나 외래어가 잘못 사용된 것은 없는가?

⑧ 문장 부호의 사용은 적절한가? 띄어쓰기가 바르게 되어 있는가?(이와 관련하여 한글 프로그램에서, 자동맞춤법 기능이 있으나 완벽하지는 않으므로, 관련 규정을 보아 스스로 능력을 길러서 대처할 수 있어야 함)

⑨ 자기 주장의 논증과 예시는 적절한가? 앞뒤로 모순되는 주장은 없는가?

⑩ 자료의 인용은 정확한가? 각주는 제대로 처리했으며, 참고문헌란은 완성했는가?

2. 독자의 시각에서 살피기

① 일반 독자가 이해하기 어려운 어휘나 전문용어는 없는가?

② 자신의 개인적인 이야기를 지나치게 장황하게 늘어놓지는 않았

는가?

③ 독자가 궁금하게 여길 점은 없는가?

④ 주위의 다른 사람들에게 읽혀도 문제점이 발견되지 않는가?

⑤ 시각적으로 깔끔하고 단정하게 편집되었는가? 글자모양, 크기, 굵기, 문단모양, 줄 간격, 여백 주기 따위는 적절한가?

이상의 내용으로 검토하여 수정한 후에는 반드시 출력해서 보아야 합니다. 화면으로 볼 때는 멀쩡하나, 출력하여 보면 다른 경우가 있으니 꼭 인쇄하여 확인해야 합니다. 호흡과 리듬이 자연스러운지 판단하기 위해서는 소리내어 읽어 보아야만 합니다.

6) 좋은 글을 쓰기 위해 필요한 참고 도서 몇 가지

구본준, 한국의 글쟁이들(한겨레출판사, 2008).

김광수, 전정판 논리와 비판적 사고(철학과현실사, 2007).

김봉군, 제6판 문장기술론(삼영사, 2007).

리의도, 이야기 한글맞춤법(석필출판사, 2005).

서정수, 문장력 향상의 길잡이(한강문화사, 1993).

소강석, 영혼의 글쓰기(쿰란출판사, 2011).

원진숙, 논술 교육론(박이정. 1995).

이대규, 개정판 수사학(신구문화사, 1998).

이오덕, 우리글 바로쓰기 1-5(한길사, 1989-2009).

이오덕, 우리문장쓰기(한길사, 1992).

정희모 · 이재성, 글쓰기의 전략(들녘, 2005).

최명환, 글쓰기 원리 탐구(지식산업사, 2011).

기독교 예식 예문

부록 4

교단의 공식적인 예문대로 하되, 찬송가를 2006년 발행하여 새찬송가의 것으로 바꾸고, 맞춤법에 어긋난 곳을 비롯하여 국어국문학적으로 보아 부자연스러운 표현들을 다듬었음.

1. 약혼식 예문

(기독교대한감리회 예문, 기독교대한감리회 홍보출판국, 1999, 45-49쪽)

(1) 예식사

지금 우리는 하나님 앞과 이 자리에 모인 여러분 앞에서 ○○○군과 ○○○양의 약혼식을 거행하고자 합니다. 약혼은 결혼할 것을 약속하는 일입니다. 그러므로 약혼 당사자는 물론 두 가정의 부모나 친척되는 여러분들도 성실한 마음으로 두 사람의 앞날에 하나님의 크신 복이 있도록 기도하시기 바랍니다.

(2) 찬송

(28장 복의 근원 강림하사, 23장 만 입이 내게 있으면)

(3) 기도

천지와 만물을 지으시고 인간을 창조하신 하나님, 우리가 이 자리에서 하나님이 내리신 크신 덕과 은혜를 감사드립니다. 주께서 일찍이 ○○○군과 ○○○양을 이 세상에 내시고 하나님의 은총과 사랑으로 양육받고 성장하게 하신 것을 감사하오며, 이들이 주님의 뜻을 따라 서로 사귀고 사랑하다가 이제는 결혼하여 아름다운 가정을 이루기 위해 약혼식을 거행하게 되었음을 감사드립니다. 간구하옵기는 오늘 이 두 사람의 약속이 하나님의 크신 은총과 도우심 아래 이루어지게 하옵시며, 결혼할 때까지 믿음과 소망과 사랑이 더욱 더 깊어지게 하옵소서. 그리고 이 자리에 주님의 크신 복이 함께 하옵소서. 예수 그리스도의 이름으로 기도합니다. 아멘.

(4) 성경

(고린도전서 13장)(갈라디아서 3: 15)(주례자가 읽는다.)

(5) 주례자의 권면

(간단한 말씀으로 약혼에 대해 권면할 것)

(6) 신물(信物) 교환과 예물 증정

(약혼반지를 주고받는다.)

(7) 기도

만물을 내시고 다스리시는 하나님, 오늘 ○○○군과 ○○○양이 하나님의 섭리 가운데서 약혼식을 갖게 하여 주신 것을 감사합니다.

주께 간구하옵기는 저들이 결혼할 때까지 하나님의 뜻을 따라 서로 사랑하며. 존중하며, 서로 섬기는 정신을 배우게 하시며, 앞으로 아름다운 가정을 이룰 때까지 잘못된 유혹에 빠지지 않도록 지켜 주시며, 하나님의 크신 복 아래 살게 하여 주옵소서. 우리의 구속자가 되시는 예수 그리스도의 이름으로 기도합니다. 아멘.

(8) 공포

○○○군과 ○○○양이 하나님과 여러 증인들 앞에서 피차에 굳은 서약과 함께 약혼한 것을 공포합니다.

(9) 약혼증서 수여

(주례자가 약혼증서를 준비하였다가 두 사람에게 수여한다.)

(10) 찬송

(384장 나의 갈 길 다 가도록)

(11) 축도

혹은 주기도로 식을 마친다.)

2. 결혼식 예문

(같은 책, 50-57쪽)

(1) 주례자의 선언

이제부터 신랑 ○○○군과 신부 ○○○양의 결혼 예식을 거행하겠습니다.

(2) 신랑 신부 입장

(신랑이 먼저 주례목사 앞에 나아와 목례하고 주례자 쪽에서 보아 우측에 돌아선 다음 신부를 맞이한다. 신부가 주악에 맞추어 친권자와 함께 들어오면 신랑이 그를 맞이하여 주례자를 향해 주례자 쪽에서 보아 신랑은 우측, 신부는 좌측에 서게 한다.)

(3) 예식사

사랑하는 이들이여, 오늘 우리가 이곳에 모여 하나님과 여러 증인들 앞에서 ○○○군과 ○○○양의 결혼 예식을 거행하고자 합니다. 혼인 제도는 하나님께서 인류를 창조하실 때 한 남자와 한 여자를 지으시고 복을 주사 함께 살게 하시므로 시작된 것입니다. 예수 그리스도는 혼인을 비유로 하여 그리스도와 교회가 연합하는 오묘한 뜻을 우리에게 가르치셨으며 갈릴리 혼인 잔치에 참예하사 혼인의 귀중함을 나타내시었습니다. 그러므로 우리는 이 예식을 신성하게 여겨 가장 엄숙하고 경건한 마음으로 올려야 할 것입니다. 여러분은 이 두 사람의 혼인 예식을 위하여 마음 깊이 축복해 주시기를 바랍니다.

(4) 찬송

(28장 복의 근원 강림하사)

(5) 기도

천지와 만물을 지으시고 인생을 내신 하나님, 이제 두 사람이 하나님 앞과 여러 증인 앞에서 혼인 예식을 이루어 부부가 되고자 합니다. 이들이 피차에 정성된 마음으로 서약하여 신성한 가정을 이루게 하옵소서. 이 예식을 하나님의 크신 은총 가운데서 이루게 하여 주시옵소서. 우리 주 예수 그리스도의 이름으로 기도합니다. 아멘.

(6) 성경

(마태복음 19: 4-6)(에베소서 5: 22-25)(고린도전서 13: 1-7, 13)

(7) 축복과 권면의 말씀

(8) 서약

(주례목사가 신랑 신부에게 아래와 같이 묻는다. 주례자는 아래의 두 서약예문 중 택일하여 사용할 수 있다.)

우리 마음 속에 있는 모든 비밀을 아시는 하나님 앞과 여러 승인 앞에서 이제 신랑 신부 두 사람이 혼인 서약을 맺고자 합니다. 그러므로 내가 성부, 성자, 성령의 이름을 받들어 다음과 같이 묻습니다. 두 분은 성실하게 대답하시기를 바랍니다.

서약(1)

〈목사〉 신랑 ○○○군, 당신이 ○○○양과 혼인서약을 맺어 아내

로 맞으니 하나님의 명령을 따라 남편된 책임을 다하여 아
내를 사랑하고 도와주며 귀중히 여기고 보호하며 오직 이
신부로만 아내를 삼아 평생토록 오늘의 이 약속을 지키기
로 굳게 서약합니까?

〈신부〉 예, 그렇게 서약합니다.

〈목사〉 신부 ○○○양, 당신이 ○○○군과 혼인서약을 맺어 남편
으로 맞으니 남편을 사랑하고 도와주며 귀중히 여기고 순
종하여 오직 이 신랑으로만 남편을 삼아 평생토록 이 약속
을 지키기로 굳게 서약합니까?

〈신부〉 예, 그렇게 서약합니다.

서약(2)

(목사는 신랑의 오른손으로 신부의 오른손을 잡게 하고 신랑으로
하여금 다음과 같이 따라하게 한다.)

〈신랑〉 나 ○○○는 그대 ○○○를 아내로 맞아 이제부터 하나님
의 명령을 따라 평생토록 괴로우나 즐거우나 가난하거나
부하거나, 병들거나 건강하거나 어떤 환경 중에서라도 그
대를 귀중히 여기고 사랑하며 오늘의 이 약속을 지키기로
하나님 앞과 여러 증인 앞에서 굳게 다짐합니다. 아멘.

(신부가 신랑의 오른손을 잡고)

〈신부〉 나 ○○○는 그대 ○○○를 남편으로 삼아 이제부터 하나
님의 명령을 따라 평생토록 괴로우나 즐거우나 가난하거나
부하거나, 병들거나 건강하거나 어떤 환경 중에서라도 그
대를 귀중히 여기고 사랑하며 오늘의 이 약속을 지키기로
하나님 앞과 여러 증인 앞에서 굳게 다짐합니다. 아멘.

(9) 신물(信物)교환

(목사가 미리 준비된 신물을 신랑에게 주면 신랑이 신부의 왼손 무명지에 끼우면서 목사를 따라 말하기를)

〈신랑〉 내가 성부와 성자와 성령의 이름을 받들어 이 ○○로 혼인한 표를 삼아 서약합니다. 아멘.

(목사가 미리 준비된 신물을 신부에게 주면 신부가 신랑의 왼손 무명지에 끼우면서 목사를 따라 말하기를)

〈신부〉 내가 성부와 성자와 성령의 이름을 받들어 이 ○○로 혼인한 표를 삼아 서약합니다. 아멘.

(10) 기도

사랑이 충만하신 하나님, 오늘 하나님의 영원하신 섭리와 크신 은총 안에서 이 두 사람이 혼인예식을 거행하여 피차에 굳은 서약을 하고 신물을 주고받음으로 부부가 되었사오니 감사드립니다. 하나님께서 이 두 사람에게 복을 주셔서 이들이 오늘 하나님 앞에서 맺은 서약을 존중히 여겨 하나님의 뜻을 따라 서로 사랑하고 협력하며 원만하고도 평화로운 가정을 이루게 하옵소서. 하나님의 거룩한 뜻이 이 가정에서 실현되어 이 땅 위에서부터 천국의 생활을 맛보며 항상 하나님께 영광을 돌리는 가정이 되게 하옵소서. 우리 주 예수 그리스도의 이름으로 기도합니다. 아멘.

(11) 공포

(목사가 신랑 신부의 오른손을 서로 잡게 하고 목사의 오른손을 그 위에 얹고 말하기를)

○○○군과 ○○○양이 오늘 하나님 앞과 여러 증인 앞에서 거룩한 혼인예식을 행하여 그 오른손을 서로 잡고 피차에 엄숙히 서약하였으니 내가 성부와 성자와 성령의 이름으로 이 두 사람이 부부

가 되었음을 공포합니다. 무릇 하나님이 짝지어 주신 것을 사람이 나누지 못할지니라. 아멘.

(12) 혼인증서 수여

(주례 목사가 혼인증서를 준비하여 놓았다가 이 시간에 주든지 또는 식후에 주든지 한다.)

(13) 축혼가

(14) 인사

(신랑 신부가 회중을 향해 인사한다.)

(15) 예사와 감사

(16) 축도

(주례 목사)

성부, 성자, 성령 삼위일체 하나님의 크신 은총과 복이 지금 이루어진 새 가정과 여기 모인 회중 가운데 영원토록 함께하기를 축원합니다. 아멘.

(17) 신랑 신부 행진

(주악과 함께 행진할 때 회중은 기립하여 박수로 축하의 뜻을 표한다.)

3. 입관식 예문

(같은 책, 61-65쪽)

(고인의 시체를 먼저 관에 안치하고 뚜껑을 덮고 못을 치되 상주가 원하면 예배 후에 못을 친다. 관 앞에 상주와 가족들과 교인들이 관을 향

하여 앉고 주례자는 관 머리 쪽이나 발치 쪽 편한 곳에 앉거나 서서 입
관식을 주례한다. 교회 직분이 없는 고령자에게는 어른, 선생님, 여사,
할아버지, 할머니 등 적절한 명칭을 사용한다.)

(1) 예식사

(목사가 말하기를)

지금부터 고○○○형제(자매, 장로, 권사, 집사 등)의 입관식을 거
행하겠습니다.

(2) 묵도

(아래 성구를 읽는다)

(고린도후서 5:1-3) 만일 땅에 있는 우리의 장막 집이 무너지면
하나님께서 지으신 집 곧 손으로 지은 것이 아니요 하늘에 있는 영
원한 집이 우리에게 있는 줄 아느니라 참으로 우리가 여기 있어 탄
식하며 하늘로부터 오는 우리 처소로 덧입기를 간절히 사모하노라
이렇게 입음은 우리가 벗은 자들로 발견되지 않으려 함이라

(3) 찬송

(243장 저 요단강 건너편, 494장 만세반석 열리니)

〈243장〉 저 요단강 건너편에

1. 저 요단강 건너편에 화려하게 뵈는 집 나를 위해 에비하신 집일
세 / 강가에는 생명나무 꽃이 만발하였네 주의 얼굴 그곳에서
뵈오리 / 주의 얼굴 뵈오리 주의 얼굴 뵈오리 슬픔 하나도 없고
금빛 찬란한 데서 / 구속(救贖)하신 주의 얼굴 뵈오리

2. 주가 내게 부탁하신 모든 역사(役事) 마친 후 예비하신 그 곳에
서 쉬겠네 / 성도들이 주의 영광 할렐루야 부를 때 나의 음성 그
노래에 합하리 / 주의 얼굴 뵈오리 주의 얼굴 뵈오리 슬픔 하나

도 없고 금빛 찬란한 데서 / 구속(救贖)하신 주의 얼굴 뵈오리

3. 먼저 떠나 그 곳에 간 사랑하는 친구들 나를 기다리고 있으리로다 / 세상길을 다 간 후에도 나도 거기 올라가 그 집에서 우리 함께 살겠네 / 주의 얼굴 뵈오리 주의 얼굴 뵈오리 슬픔 하나도 없고 금빛 찬란한 데서 / 구속(救贖)하신 주의 얼굴 뵈오리

4. 이 세상에 머물 동안 주의 일을 힘쓰며 주의 구원함과 은총 전하고 / 나의 생명 마치는 날 저 본향(本鄕)에 올라가 주의 얼굴 그 곳에서 뵈오리 / 주의 얼굴 뵈오리 주의 얼굴 뵈오리 슬픔 하나도 없고 금빛 찬란한 데서 / 구속(救贖)하신 주의 얼굴 뵈오리

〈494장〉 만세 반석 열리니

1. 만세 반석 열리니 내가 들어갑니다 / 창에 허리 상하여 물과 피를 흘린 것 / 내게 효험 되어서 정결하게 하소서

2. 내가 공을 세우나 은혜 갚지 못하네 / 쉬임 없이 힘쓰고 눈물 근심 많으나 / 구속 못할 죄인을 예수 홀로 속하네

3. 빈 손 들고 앞에 가 십자가를 붙드네 / 의가 없는 자라도 도와주심 바라고 / 생명 샘에 나가니 맘을 씻어주소서

4. 살아생전 숨 쉬고 죽어 세상 떠나서 / 거룩하신 주 앞에 끝날 심판 당할 때 / 만세반석 열리니 내가 들어갑니다 아멘

(4) 기도

생명의 근원이 되시는 살아계신 하나님, 우리들은 다 하나님께로부터 왔다가 하나님께로 돌아가는 인생이옵니다. 또한 우리들은 하나님의 높으신 뜻을 다 이해하지도 못하고 하나님 앞에 의롭지

도 못한 죄인들이옵니다. 고인이 세상에 있을 때 우리가 하나님의 자녀된 도리도 다하지 못하였사옵고 형제로서의 사랑도 그에게 다 베풀지 못하였음을 슬퍼하오며 하나님 앞에 참회합니다. 자비로우신 하나님, 저희들을 긍휼히 여기시고 우리의 허물을 용서하여 주시기를 간절히 간구합니다. 이제 고 ○○○ 형제의 시신을 입관하여 장례를 준비하고자 하오니 성령께서 이 자리에 임재하셔서 슬퍼하는 모든 이들의 마음을 위로하여 주시고 믿음과 소망을 더욱 굳세게 하여 주옵소서.

(고인이 신자인 경우 아래 부분을 첨가한다.)
자비로우신 하나님, 이 형제(자매)가 세상에 있을 때 하나님께서 저를 부르사 예수 그리스도를 믿고 영원한 후사로 세워주신 것을 감사드립니다. 이제 우리로 하여금 그의 귀한 신앙과 진실된 생활을 본받게 하시고, 좋은 신앙의 후계자가 되게 하여 주시옵소서. 이 시간 성령께서 저희들의 어두운 마음을 밝히사 하나님의 크신 경륜을 알게 하여 주시기를 우리 주 예수 그리스도의 이름으로 기도합니다. 아멘.

(5) 성경(요한복음 14:1-6)
너희는 마음에 근심하지 말라 하나님을 믿으니 또 나를 믿으라 또는 믿고 내 아버지 집에 거할 곳이 많도다 그렇지 않으면 너희에게 일렀으리라 내가 너희를 위하여 거처를 예비하러 가노니 가서 너희를 위하여 거처를 예비하면 내가 다시 와서 너희를 내게로 영접하여 나 있는 곳에 너희도 있게 하리라 내가 어디로 가는지 그 길을 너희가 아느니라 도마가 이르되 주여 주께서 어디로 가시는지 우리가 알지 못하거늘 그 길을 어찌 알겠사옵나이까 예수께서 이

르시되 내가 곧 길이요 진리요 생명이니 나로 말미암지 않고는 아버지께로 올 자가 없느니라

(6) 설교 또는 위로의 말씀

(형편에 따라 간단한 위로의 말을 한다.)

(7) 찬송

(239장 저 뵈는 본향집, 485장 세월이 흘러가는데)

〈239장〉 저 뵈는 본향 집

1. 저 뵈는 본향 집 날마다 가까워 내 갈 길 멀지 않으니 전보다 가깝다. / 더 가깝고 더 가깝다 하룻길 되는 내 본향 가까운 곳일세

2. 내 주의 집에는 거할 곳 많도다. 그 보좌 있는 곳으로 가까이 갑니다. / 더 가깝고 더 가깝다 하룻길 되는 내 본향 가까운 곳일세.

3. 내 생명 끝날에 십자가 벗고서 나 면류관을 쓸 때가 가깝게 되었네. / 더 가깝고 더 가깝다 하룻길 되는 내 본향 가까운 곳일세.

4. 내 삶의 끝날을 분명히 모르니 내 주여 길 다가도록 늘 함께 하소서 / 더 가깝고 더 가깝다 하룻길 되는 내 본향 가까운 곳일세.

〈485장〉 세월이 흘러가는데

1. 세월이 흘러가는데 이 나그네 된 나는 / 괴로운 세월 가는 것 막을 길 아주 없네

   〈후렴〉

   요단강가에 섰는데 내 친구 건너가네 / 저 건너편에 빛난 곳 내 눈에 환하도다

2. 저 뵈는 하늘 집에서 날 오라하실 때 / 등 예비하라 하신 말 나

항상 순종하네

3. 어두운 그날 닥쳐도 찬송을 쉬지 마세 / 금 거문고를 타면서 나
   주를 찬양하리

4. 큰 풍파 일어나는 것 세상 줄 끊음일세 / 주께서 오라하시면 내
   본향(本鄕) 찾아가리

(8) 기도

영원부터 영원까지 살아계셔서 인간의 생명을 주장하시는 하나님,
저희들의 심령의 눈을 밝히시사 영원히 슬픔과 고통이 없고 기쁨
과 감사와 영광이 가득찬 주님의 세계를 바라볼 수 있게 하여 주시
옵소서. 저희들의 심령이 연약하여 넘어질 때 붙들어 주시고, 슬프
고 외로울 때 강하고 담대한 신앙을 주셔서 승리의 생활을 하게 하
옵소서. 장례를 마칠 때까지 모든 절차를 성령께서 인도하여 주시
기를 우리 주 예수 그리스도의 이름으로 기도합니다. 아멘.

(9) 축도

4. 어린이 장례식 예문

(같은 책, 66-69쪽)

(어린이는 12세 미만 아동을 말한다. 관 앞에 가족들이 둘러앉거나
서고 주례자는 관 앞에서 주례한다.)

(1) 예식사

지금은 ○○○형제(자매)의 어린이 ○○○의 영혼이 이 세상을 떠
나 하나님 앞으로 갔으므로 우리가 장례식을 거행하려고 이곳에
모였습니다. 다 같이 엄숙하게 이 예식을 진행하도록 협조해 주시

기를 바랍니다.

(2) 묵도

(주례 목사가 다음 성구를 읽는다.)

(마태복음 18:3-4) 이르시되 진실로 너희에게 이르노니 너희가 돌이켜 어린 아이들과 같이 되지 아니하면 결단코 천국에 들어가지 못하리라 그러므로 누구든지 이 어린 아이와 같이 자기를 낮추는 사람이 천국에서 큰 자니라

(3) 찬송

(564장 예수께서 오실 때에, 565장 예수께로 가면)

〈564장〉 **예수께서 오실 때에**

1. 예수께서 오실 때에 그 귀중한 보배
   하나라도 남김없이 다 찾으시리
2. 정한 보배 빛나 보배 주 예수의 보배
   하늘나라 두시려고 다 거두시리
3. 주를 사랑 하는 아이 이 세상에 살 때
   주의 말씀 순종하면 참 보배로다
〈후렴〉 샛별 같은 그 보배 면류관에 달려
   반짝 반짝 빛나게 비치리로다

〈565장〉 **예수께로 가면**

1. 예수께로 가면 나는 기뻐요
   걱정근심 없고 정말 즐거워
2. 예수께로 가면 맞아 주시고
   나를 사랑 하사 용서하셔요

3. 예수께로 가면 손을 붙잡고

　　어디서나 나를 인도하셔요

〈후렴〉예수께로 가면 나는기뻐요

　　나와 같은 아이 부르셨어요

(4) 기도

우리에게 영생을 약속하신 하나님, 육신으로 세상에 계실 때 어린 아이들을 지극히 사랑하시고 축복해 주시던 예수님, 귀여운 어린 아이가 주님께로부터 세상에 왔다가 주님께로 돌아갔나이다. 육신의 정에 못 이겨 슬퍼하는 이들의 마음을 위로해 주시기를 간구합니다. 어린 생명을 이 가정에 보내 주셔서 짧은 시간이나마 즐거움을 나눌 수 있는 기회를 주셨음을 감사합니다. 저들의 애통이 원망으로 변하거나 시험에 들지 않게 하시옵고 하나님께서 독생자를 아끼지 않으시고 인류를 위해 산 제물로 주신 크신 은혜와 사랑의 일부분이라도 깨닫게 하사 더욱 뜨거운 마음으로 주님을 섬기게 하여 주시옵소서. 이 가정과 친척들에게 더욱 크신 은총과 복으로 채워 주시옵소서. 우리 주 예수 그리스도의 이름으로 기도합니다. 아멘.

(5) 성경

(욥기 1 : 20-22) 욥이 일어나 겉옷을 찢고 머리털을 밀고 땅에 엎드려 예배하며 이르되 내가 모태에서 알몸으로 나왔사온즉 또한 알몸이 그리로 돌아가올지라 주신 이도 여호와시요 거두신 이도 여호와시오니 여호와의 이름이 찬송을 받으실지니이다 하고 이 모든 일에 욥이 범죄하지 아니하고 하나님을 향하여 원망하지 아니하니라

(6) 설교 혹은 위로의 말씀

(7) 기도

만물의 창조주 하나님, 우리들의 생명과 모든 소유와 복락과 자연도 다 하나님의 것이요, 우리는 모든 것을 주님의 허락하신 날까지 잠시 맡아 다스리는 주님의 청지기입니다. 주신 바 모든 은혜와 선물을 하나님의 선한 뜻에 합당하게 간직하게 하시옵고, 주님께서 찾으실 때에는 언제가 순종하는 마음으로 돌려드릴 수 있게 하옵소서. 항상 하나님의 뜻을 분별할 수 있는 지혜와 믿음을 더하여 주시기를 간구합니다. 이 가정에 더욱 크신 은혜로 채워 주셔서 슬픔이 변하여 기쁨이 되게 하여 하시고, 심령이 연약할 때 더욱 강건케 하여 주시옵소서. 우리 주 예수 그리스도의 이름으로 기도합니다. 아멘.

(8) 축도 또는 주 기도

(9) 출관

5. 어린이 하관식 예문

(같은 책, 70-72쪽)

(1) 찬송

(565장 예수께로 가면, 569장 선한 목자 되신 우리 주)

〈565장〉 예수께로 가면

1. 예수께로 가면 나는 기뻐요

걱정근심 없고 정말 즐거워

2. 예수께로 가면 맞아주시고

나를 사랑 하사 용서하셔요

3. 예수께로 가면 손을 붙잡고

어디서나 나를 인도하셔요

〈후렴〉 예수께로 가면 나는 기뻐요

나와 같은 아이 부르셨어요

〈569장〉 선한 목자 되신 우리 주

1. 선한 목자 되신 우리 주 항상 인도하시고 푸른 풀밭 좋은 곳에
서 우리 먹여 주소서 / 선한 목자 구세주여 항상 인도하소서 선
한 목자 구세주여 항상 인도하소서

2. 양의 문이 되신 예수여 우리 영접하시고 길을 잃은 양의 무리를
항상 인도하소서 / 선한 목자 구세주여 기도 들어 주소서 선한
목자 구세주여 기도 들어 주소서

3. 흠이 많고 약한 우리를 용납하여 주시고 주의 넓고 크신 은혜를
자유 얻게 하셨네 / 선한 목자 구세주여 지금 나아갑니다 선한
목자 구세주여 지금 나아갑니다

4. 일찍 주의 뜻을 따라서 살아가게 하시고 주의 크신 사랑 베푸사
따라가게 하소서 / 선한 목자 구세주여 항상 인도하소서 선한
목자 구세주여 항상 인도하소서 (아멘)

(2) 기도

사랑의 하나님, 이 어린이의 영혼은 하나님의 품으로 돌아가 영광
속에서 기쁨으로 주님께 찬양드리는 줄을 믿습니다. 이제 그 육체

를 땅에 장사하오니 주님께서 영광으로 오시는 날에 주님 약속하신 대로 썩을 것을 썩지 아니할 것 영광의 몸으로 부활하게 하옵소서. 사람의 영혼이 하나님께로부터 왔다가 다시 하나님께로 돌아감은 당연한 경륜임을 저희로 하여금 깨닫게 하시고 하나님을 찬양하게 하옵소서. 우리들의 생명이 이 땅에 있는 동안 신앙으로 하나님의 영광만을 위해 살게 하여 주시옵소서. 우리 주 예수 그리스도의 이름으로 기도합니다. 아멘.

(3) 성경

(요한계시록 22:1-5) 또 그가 수정 같이 맑은 생명수의 강을 내게 보이니 하나님과 및 어린 양의 보좌로부터 나와서 길 가운데로 흐르더라 강 좌우에 생명나무가 있어 열두 가지 열매를 맺되 달마다 그 열매를 맺고 그 나무 잎사귀들은 만국을 치료하기 위하여 있더라 다시 저주가 없으며 하나님과 그 어린 양의 보좌가 그 가운데에 있으리니 그의 종들이 그를 섬기며 그의 얼굴을 볼 터이요 그의 이름도 그들의 이마에 있으리라 다시 밤이 없겠고 등불과 햇빛이 쓸 데 없으니 이는 주 하나님이 그들에게 비치심이라 그들이 세세토록 왕 노릇 하리로다

(4) 선고

(주례자가 흙을 한 줌 관 위에 던지며 말하기를)

이 어린이의 영혼이 하나님께로부터 왔다가 이미 하나님께로 돌아갔습니다. 이제 우리가 그 시체를 땅에 장사하매 흙은 흙으로, 재는 재로, 티끌은 티끌로 돌아갈지라. 그러나 말세에 뭇 성도가 일제히 부활하여 우리 주 예수 그리스도로 말미암아 내세의 영생을 얻을 것입니다. 주께서 다시 강림하시어 영광과 위엄으로 세상 사람을 심판하실 때 그리스도 안에서 자는 자들은 부활하여 예수께

서 만물을 굴복케 하신 능력으로 저들의 썩은 몸을 변하여 자기의 영화로우신 몸과 같게 하실 것입니다. 아멘.

(5) 축도 또는 주 기도

6. 장년 장례식 예문

(같은 책, 73-79쪽)

(상주와 가족과 친척과 조객들은 향해 앉거나 서게 한 후 주례자는 관 앞 적당한 자리에서 장례식을 주례한다. 교회 직분이 없는 고령자에게는 어른, 선생님, 여사, 할아버지, 할머니 등 적절한 칭호를 사용한다.)

(1) 예식사(주례사)

지금 우리는 ○○○성도(형제, 자매, 장로, 권사, 집사 등)의 장례식을 거행하려고 이곳에 모였습니다. 이 예식에 참석하신 여러분께서는 엄숙하게 예식이 진행되도록 협조해 주시기를 바랍니다.

(2) 묵도(주례사)

그리스도께서 죽은 자 가운데서 다시 살아 잠자는 자들의 첫 열매가 되셨도다. 사망이 사람으로 말미암았으니 죽은 자의 부활도 사람으로 말미암는도다. 아담 안에서 모든 사람이 죽은 것 같이 그리스도 안에서 모든 사람이 삶을 얻으리라. 생명의 주인이시고 죽음의 정복자이시며 어려울 때에 도움이 되시는 하나님, 죽음의 현실 앞에서 슬퍼하고, 우는 이들을 위로하여 주시고 은총을 베풀어 주옵소서. 이제 우리가 슬픔을 딛고 하나님께 예배드리려고 합니다. 우리 자신들을 하나님의 선하심과 자비에 맡기면서 영원하 희망을 바라보게 하여 주옵소서. 우리 주 예수 그리스도의 이름으로 기도합니다. 아멘.

(3) 찬송

(606장 해보다 더 밝은 천국)

〈606〉 해보다 더 밝은 저 천국

1. 해보다 더 밝은 저 천국 믿음만 가지고 가겠네 믿는 자 위하여 있을 곳 우리 주 예비해 두셨네
2. 찬란한 주의 빛 있으니 거기는 어두움 없도다 우리들 거기서 만날 때 기쁜 낯 서로가 대하리
3. 이 세상 작별한 성도들 하늘에 올라가 만날 때 인간의 괴롬이 끝나고 이별의 눈물이 없겠네
4. 광명한 하늘에 계신 주 우리도 모시고 살겠네 성도들 즐거운 노래로 영광을 주앞에 돌리리

후렴) 며칠 후 며칠 후 요단강 건너가 만나리 며칠 후 며칠 후 요단강 건너가 만나리. 아멘.

(4) 성경 교독

(찬송가 교독문 78, 요한복음 14장 중에서)

(주례) 너희는 마음에 근심하지 말라, 하나님을 믿으니 또 나를 믿으라.

(회중) 내 아버지 집에 거할 곳이 많도다, 그렇지 않으면 너희에게 일렀으리라.

(주례) 내가 너희를 위하여 처소를 예비하러 가노니, 가서 너희를
위하여 처소를 예비하면

(회중) 다시 와서 너희를 내게로 영접하여 나 있는 곳에 너희도 있
게 하리라.

(주례) 내가 가는 곳에 그 길을 너희가 알리라.

(회중) 도마가 가로되, 주여 어디로 가시는지 우리가 알지 못하거
늘 그 길을 어찌 알겠삽나이까

(주례) 예수께서 가라사대 내가 곧 길이요, 진리요, 생명이니

(회중) 나로 말미암지 않고는 아버지께로 올 자가 없느니라.

(5) 송영

(찬송 3장)

성부 성자 성령께 찬송과 영광 돌려보내세 태초로 지금부터 또 영
원무궁토록 성삼위께 영광 영광 아멘

(6) 기도

우주 만물을 창조하시고 인류의 역사와 개인의 생사화복, 흥망성
쇠를 주관하시는 하나님, 한없이 연약한 인생을 긍휼히 여기시옵
소서. 지금 저희들은 이 세상을 떠나 하나님 앞으로 간 고 ○○○
형제(자매, 장로, 권사, 집사 등)의 장례식을 거행하려고 이곳에 모
였사오니 슬픈 마음을 가지고 하나님 앞에 머리 숙인 이 무리에게
위로를 내려주시기를 기도합니다.

(고인이 신자인 경우 아래 부분을 첨가한다)

영원히 변치 않으시는 전능하신 하나님, 이 형제(자매, 장로, 권사,
집사 등)가 세상에 있을 때 하나님께서 저를 사랑하시고 택하시사
예수 그리스도를 믿고 구원을 얻어 하늘의 영원한 기업을 누리게
하여 주신 것을 감사합니다. 간구하옵기는 이 장례를 주께서 은혜

로 주관하사 슬픔을 당한 이들에게 위로와 힘을 주시며 이곳에 모인 우리들도 하나님의 엄숙한 교훈을 깨달아 죄를 뉘우치고 굳센 믿음을 가지게 하여 주옵소서. 우리 주 예수 그리스도의 이름으로 기도합니다. 아멘.

(7) 성경

(요한복음 11:25-26) 예수께서 이르시되 나는 부활이요 생명이니 나를 믿는 자는 죽어도 살겠고 무릇 살아서 나를 믿는 자는 영원히 죽지 아니하리니 이것을 네가 믿느냐

(고린도전서 15: 42-44) 죽은 자의 부활도 그와 같으니 썩을 것으로 심고 썩지 아니할 것으로 다시 살아나며 욕된 것으로 심고 영광스러운 것으로 다시 살아나며 약한 것으로 심고 강한 것으로 다시 살아나며 육의 몸으로 심고 신령한 몸으로 다시 살아나나니 육의 몸이 있은즉 또 영의 몸도 있느니라

(데살로니가전서 4: 13-18, 디모데후서 4: 7-8, 베드로전서 1:24-25, 야고보서 4: 1-4, 요한계시록 21: 1-7, 요한계시록 22: 1-5, 시편 23: 1-6, 시편 27: 1, 3-5, 시편 90 : 1-6, 12, 16-17, 시편 121 : 1-8)

(8) 조가

(찬송가 중에서나 복음송 중에서 장례에 적당한 노래를 부른다.)

(9) 약력

(별세한 이의 약력을 미리 준비했다가 읽는다.)

(10) 설교

(위로의 말씀)

(11) 기도

우리의 영혼을 구속하시며 성도들의 힘이 되시는 하나님, 주 안에

서 세상을 떠난 모든 이들이 모든 수고와 시련을 끝내고 주님의 품 안에서 영원한 안식을 얻게 하여 주옵소서.

우리의 소망이 되시는 하나님, 우리가 주님의 높고 크신 경륜을 다 깨닫지 못하오나 저희들로 하여금 주님의 약속과 영생의 복음을 확실히 믿고 이 땅에서 환란과 역경을 이기며 하늘의 소망을 빼앗기지 않게 하여 주옵소서.

(성도로서의 본이 되었을 경우, 아래 문구를 첨가한다.)

주의 종이 이 세상에 사는 동안 선한 싸움을 싸워 승리하였고 우리의 본이 되었음을 감사드립니다. 우리들도 그 뒤를 따라 하나님의 영원한 나라의 유업을 받게 하여 주옵소서. 우리 주 예수 그리스도의 이름으로 기도합니다. 아멘.

(12) 인사 및 광고

(호상 또는 장례위원장)

(13) 찬송

(493장 하늘 가는 밝은 길이, 239장 저 뵈는 본향집)

〈493장〉 하늘 가는 밝은 길이

1. 하늘 가는 밝은 길이 내 앞에 있으니 / 슬픈 일을 많이 보고 늘 고생하여도 / 하늘 영광 맑음이 어둔 그늘 헤치니 / 예수 공로 의지하여 항상 빛을 보도다

2. 내가 걱정하는 일이 세상에 많은 중 / 속에 근심 밖에 걱정 늘 시험하여도 / 예수 보배로운 피 모든 것을 이기니 / 예수 공로 의지하여 항상 이기리로다

3. 내가 천성 바라보고 가까이 왔으니 / 아버지의 영광 집에 가 쉴 맘 있도다 / 나는 부족하여도 영접하실 터이니 / 영광 나라 계신

임금 우리 구주 예수라

〈239장〉저 뵈는 본향(本鄕) 집

1. 저 뵈는 본향 집 날마다 가까워 내 갈 길 멀지 않으니 전보다 가
   깝다. /더 가깝고 더 가깝다 하룻길 되는 내 본향 가까운 곳일세
2. 내 주의 집에는 거할 곳 많도다. 그 보좌 있는 곳으로 가까이 갑니
   다. / 더 가깝고 더 가깝다 하룻길 되는 내 본향 가까운 곳일세.
3. 내 생명 끝날에 십자가 벗고서 나 면류관을 쓸 때가 가깝게 되었
   네. / 더 가깝고 더 가깝다 하룻길 되는 내 본향 가까운 곳일세.
4. 내 삶의 끝날을 분명히 모르니 내 주여 길 다가도록 늘 함께하소
   서 / 더 가깝고 더 가깝다 하룻길 되는 내 본향 가까운 곳일세.

(14) 축도 또는 주 기도
(15) 출관

   (출관하여 장지로 향한다.)

7. 장년 하관식 예문

(같은 책, 80-82쪽)

(장지에 도착하여 매장하는 경우에는 먼저 매장지에 하관하고 세
번째 횡대만을 열어놓고 하관식을 한다. 화장하는 경우에는 화장 준
비를 하고 화장 직전에 집례한다.)

(1) **찬송**

   (479장 괴로운 인생길 가는 몸이)

〈479장〉 괴로운 人生길 가는 몸이

1. 괴로운 인생길 가는 몸이 평안히 쉴 곳이 아주 없네
   걱정과 고생이 어디는 없으리 돌아가 내 고향 하늘나라

2. 광야에 찬바람 불더라도 앞으로 남은 길 멀지 않네
   산 넘어 눈보라 세차게 불어도 돌아갈 내 고향 하늘나라

3. 날 구원하신 주 모시옵고 영원한 영광을 누리리라
   그리던 성도들 한자리 만나리 돌아갈 내 고향 하늘나라

(2) 기도

(3) 성경

(고린도전서 15: 51-58) 보라 내가 너희에게 비밀을 말하노니 우리가 다 잠 잘 것이 아니요 마지막 나팔에 순식간에 홀연히 다 변화되리니 나팔 소리가 나매 죽은 자들이 썩지 아니할 것으로 다시 살아나고 우리도 변화되리라 이 썩을 것이 반드시 썩지 아니할 것을 입겠고 이 죽을 것이 죽지 아니함을 입으리로다 이 썩을 것이 썩지 아니함을 입고 이 죽을 것이 죽지 아니함을 입을 때에는 사망을 삼키고 이기리라고 기록된 말씀이 이루어지리라 사망아 너의 승리가 어디 있느냐 사망아 네가 쏘는 것이 어디 있느냐 사망이 쏘는 것은 죄요 죄의 권능은 율법이라 우리 주 예수 그리스도로 말미암아 우리에게 승리를 주시는 하나님께 감사하노니 그러므로 내 사랑하는 형제들아 견실하며 흔들리지 말고 항상 주의 일에 더욱 힘쓰는 자들이 되라 이는 너희 수고가 주 안에서 헛되지 않은 줄 앎이라

(4) 선고

(주례자가 흙을 한 줌 관 위에 던지며 말하기를)

이 형제(자매)의 영혼이 하나님께로부터 왔다가 이미 하나님께로

돌아갔은즉 우리가 그 시체를 땅에 장사하매 흙은 흙으로, 재는 재로, 티끌은 티끌로 돌아갑니다. 그러나 말세에 뭇 성도가 일제히 부활하여 우리 주 예수 그리스도로 말미암아 영생을 얻을 것입니다. 주께서 다시 강림하시어 영광과 위엄으로 세상 사람을 심판하실 때 무릇 그리스도 안에서 자는 자들은 영화로운 몸을 입게 될 것입니다.

(5) 기도(주례자)

영생하시는 하나님 아버지, 이 형제(자매)의 시체를 여기에 장사 지내오니 흙으로 지음 받은 육체는 흙으로 돌아가겠나이다.

(별세한 이가 신자인 경우 아래 부분을 첨가한다.)

그러나 그리스도 안에서 별세한 모든 성도들은 주님께서 다시 오시는 날, 부활할 것을 믿사옵고 하나님께 감사하옵나이다.

이 땅에 남아 있는 우리들로 하여금 진실한 마음으로 믿음을 지키게 하시옵고 죄악에서 건지사 영원한 생명을 누리게 하여 주옵소서. 우리 주 예수 그리스도의 이름으로 기도합니다. 아멘.

8. 부모님 추도식 예문

(같은 책, 83-87쪽)

(부모님 기일에 고인의 사진이 있으면 상 위에 놓고 촛불이나 꽃으로 장식한다. 가족과 교우들이 그 앞에 둘러앉고 주례자는 상 옆에 앉거나 서서 주례한다. 교회 직분이 없는 고령자에게는 어른, 선생님, 여사, 할아버지, 할머니 등 적절한 칭호를 사용한다.)

(1) 예식사(주례자)

오늘은 고 ○○○형제(자매, 장로, 권사, 집사 등)의 기일이므로 이
제부터 이 형제의 추도식을 거행하겠습니다.

(2) 묵상기도

(3) 찬송

(491장 저 높은 곳을 향하여)

〈491장〉 저 높은 곳을 향하여

1. 저 높은 곳을 향하여 날마다 나아갑니다

   내 뜻과 정성 모두어 날마다 기도합니다

〈후렴〉 내 주여 내 발 붙드사 그 곳에 서게 하소서

   그 곳은 빛과 사랑이 언제나 넘치옵니다

2. 괴롬과 죄가 있는 곳 나 비록 여기 살아도

   빛나고 높은 저 곳을 날마다 바라봅니다

3. 의심의 안개 걷히고 근심의 구름 없는 곳

   기쁘고 참된 평화(平和)가 거기만 있사옵니다

4. 험하고 높은 이 길을 싸우며 나아갑니다

   다시금 기도하오니 내 주여 인도하소서

5. 내 주를 따라 올라가 저 높은 곳에 우뚝 서

   영원한 복락 누리며 즐거운 노래 부르리

(4) 기도

영원부터 영원까지 살아계셔서 인간의 생사화복을 주관하시는 하
나님, 오늘은 고 ○○○형제(자매, 기타 직분)를 주님의 나라로 불
러가신 날이므로 우리가 이 날을 기념하기 위하여 이곳에 모였습
니다. 저희를 긍휼히 여기사 주님의 위로와 하늘의 평강으로 채워

주시기를 간구합니다. 자비하신 하나님, 연약한 저희들이 하나님과 사람들 앞에 부족했던 모든 허물을 용서하여 주시옵소서. 저희들이 하나님 앞에서뿐만이 아니라 육신의 부모님에게도 잘못한 것이 많이 있었던 것을 기억하며 통회하오니 저희들의 죄를 사하여 주옵소서. 우리에게 더욱 굳센 신앙으로 채워주시며, 이 가정에 신앙의 전통이 계속 이어지게 하옵소서.

(성도로서 본이 되었을 경우 : 고 ○○○형제가 이 세상에 사는 동안 믿음을 지켜 본이 되는 삶을 살게 하심을 감사드립니다. 우리도 그의 뒤를 따라 믿음 안에서 성실한 삶을 살 수 있도록 인도하여 주옵소서.) 이 시간의 모든 절차를 주님께서 친히 맡아 인도하사 하나님께 영광이 되게 하시고, 저희들에게 새로운 은혜와 복이 되게 하여 주시옵소서. 우리 주 예수 그리스도의 이름으로 기도합니다. 아멘.

(5) 성경(주례자)

(열왕기상 2:1-3) 다윗이 죽을 날이 임박하매 그의 아들 솔로몬에게 명령하여 이르되 내가 이제 세상 모든 사람이 가는 길로 가게 되었노니 너는 힘써 대장부가 되고 네 하나님 여호와의 명령을 지켜 그 길로 행하여 그 법률과 계명과 율례와 증거를 모세의 율법에 기록된 대로 지키라 그리하면 네가 무엇을 하든지 어디로 가든지 형통할지라

(잠언 3: 1-10) 내 아들아 나의 법을 잊어버리지 말고 네 마음으로 나의 명령을 지키라 그리하면 그것이 네가 장수하여 많은 해를 누리게 하며 평강을 더하게 하리라 인자와 진리가 네게서 떠나지 말게 하고 그것을 네 목에 매며 네 마음판에 새기라 그리하면 네가 하나님과 사람 앞에서 은총과 귀중히 여김을 받으리라 너는 마

음을 다하여 여호와를 신뢰하고 네 명철을 의지하지 말라 너는 범사에 그를 인정하라 그리하면 네 길을 지도하시리라 스스로 지혜롭게 여기지 말지어다 여호와를 경외하며 악을 떠날지어다 이것이 네 몸에 양약이 되어 네 골수를 윤택하게 하리라 네 재물과 네 소산물의 처음 익은 열매로 여호와를 공경하라 그리하면 네 창고가 가득히 차고 네 포도즙 틀에 새 포도즙이 넘치리라

(시편 90 : 1-6, 고린도전서 15: 20-22, 42-44, 누가복음 16: 19-31, 23: 39-43, 요한계시록 21 : 1-8)

(6) 약력 소개

(별세한 이의 약력, 행적, 유훈, 성품 등 별세한 이와 관련하여 인상 깊은 일 등을 가족이나 친척 중에서 말하게 한다.)

(7) 설교 또는 위로의 말씀

(8) 찬송

(489장 저 요단강 건너편에)

〈489장〉 저 요단강 건너편에 찬란하게

1. 저 요단강 건너편에 찬란하게 뵈는 집
   예루살렘 새 집에서 주의 얼굴 뵈오리
   〈후렴〉 빛난 하늘 그 집에서 주의 얼굴 뵈오리
   한량 없는 영광 중에 주의 얼굴 뵈오리

2. 주가 내게 부탁하신 모든 역사(役事) 마친 후
   예비하신 그 집에서 주의 얼굴 뵈오리

3. 성도들이 함께 모여 할렐루야 부를 때
   나도 기쁜 마음으로 화답하여 부르리

4. 이 세상에 사는 동안 주의 일을 힘쓰고

썩을 장막 떠날 때에 주의 얼굴 뵈오리

(9) 기도(주례자)

거룩하신 하나님, 저희들은 현재만 보고 미래를 볼 줄 모르는 어리석은 인간들입니다. 그러나 영원한 하나님의 나라가 있음을 여러 선지자와 사도들을 통하여 알게 하여 해 주심을 감사드립니다. 우리로 하여금 이 영원한 세계를 바라보고 항상 소망 중에 즐거워하며 모든 시련을 극복하여 나갈 수 있는 신앙을 주시옵소서. 이 가정 위에 하나님의 복을 내려주셔서 후손들이 하나님의 영원한 기업을 누리게 하여 주시옵소서. 우리 주 예수 그리스도의 이름으로 기도합니다. 아멘.

(10) 축도 또는 주 기도

9. 설날 가정기도회

(예문예식서편찬위원회, 표준 가정예식서, 한국장로교출판사, 2000, 32-33쪽)

설날을 맞아 온 가족이 한자리에 모인 것을 하나님께 감사드리며, 하나님의 뜻을 따라 새롭게 마음을 가다듬고 감사기도회를 드립시다.

(1) 찬송

550장 (시온의 영광이 빛나는 아침)

(2) 기도

(가족 중에서)

(3) 성경말씀

잠언 16 : 16-19

(4) 말씀

이렇게 삽시다

우리 옛 어른들은 설날이 오면 조상을 생각하며 그 은덕을 기리고, 감사하는 마음으로 차례를 지냈으며, 또 어른들께 세배를 드림으로 만수무강을 빌었습니다. 그러나 우리 그리스도인들에게는 그보다 높은 감사의 제목이 있고, 크고 확실한 소망이 있습니다. 그것은 감사의 대상이 조상에 머무는 것이 아니라 조상을 주신 하나님께 이르는 것이요, 세상의 주관자이신 하나님께 우리의 안녕과 평안도 맡기는 것입니다. 하나님이 주시는 말씀을 따라 살아갈 때, 우리는 복된 삶을 살아갈 수 있습니다.

(1) 지혜를 가지고 삽시다

사람들은 돈이면 모든 것이 잘될 줄 알고 삽니다. 그러나 세상에는 돈 때문에 불행한 사람이 너무나 많습니다. 물질은 우리가 살아가는 데 꼭 필요한 것이지만, 우리가 하나님의 뜻을 이루어가는 전부는 아닙니다. 잠언서의 많은 부분을 기록한 솔로몬도 하나님께 기도할 때 물질을 구하지 않고 지혜를 달라고 기도했습니다. 그러므로 우리는 물질에 연연하지 말고 하나님의 뜻을 분별하는 지혜를 가지고 살도록 합시다.

(2) 정직하게 삽시다

"악을 떠나는 것은 정직한 사람의 대로니 그 길을 지키는 자는 자기의 영혼을 보전하느니라"(17절)고 했습니다. 우리말 가운데에도 "군자는 대로행(君子大路行)"이란 옛말이 있습니다. 이는 군자는 큰길로 다닌다는 뜻이 아니고 군자는 누가 보아도 당당하고 떳떳한 길로 간다는 뜻입니다. 바로 이렇게 살아갈 수 있는 사람이 정직한 사람입니다. 정직하지 못한 사람은 떳떳할 수가 없습니다. 우리 가족은 누가 보아도 당당하고 떳떳한 삶을 살아야 할 것입니다.

(3) 겸손하게 삽시다

"교만은 패망의 선봉이요, 거만한 마음은 넘어짐의 앞잡이니라. 겸손한 자와 함께하여 마음을 낮추는 것이 교만한 자와 함께하여 탈취물을 나누는 것보다 나으니라."(18-19절) 성 어거스틴은 사람의 덕목 중 가장 중요한 것 세 가지로 첫째도 겸손, 둘째도 겸손, 셋째도 겸손이라고 했습니다. 예수님은 우리에게 겸손의 모범을 보여주셨습니다. 겸손한 것이 하늘나라의 법칙입니다. "주 앞에서 낮추라, 그리하면 주께서 너희를 높이시리라."(약 4 : 10) 이 한해 우리가 지혜를 가지고 정직하게, 그리고 겸손하게 살아서 하나님의 사랑을 많이 받도록 합시다.

(5) 찬송

28장(복의 근원 강림하사)

(6) 마침기도

(인도자)

10. 추석 가정기도회 예문

(같은 책, 58-59쪽)

찬송을 부름으로 추석 명절 가정기도회를 시작하겠습니다.

(1) 찬송

380장(1, 2절)

(2) 기도

"추석 명절을 맞이하여 흩어져 있던 온 가족이 함께 모여 하나님께 예배드리게 됨을 감사드립니다. 지금까지 저희 가족을 건강하게 지켜주신 하나님 감사합니다. 오곡백과가 무르익어 수확의 기쁨 주신 하나님 감사합니다. 우리의 신앙도 이와 같은 아름다운 결실을 맺게 하소서. 오늘 하루도 주의 말씀을 생각하며 감사하며 살게 하소서. 예수님의 이름으로 기도합니다. 아멘."

(3) 성경말씀

골로새서 3 : 12-17

(4) 말씀

"감사하는 자가 됩시다."

음력 8월 15일은 추석으로서 신라시대부터 지켜온 우리 민족 고유의 최대 명절입니다. 이날은 오곡백과를 주신 하나님께 감사하고 특히 성묘를 하면서 조상의 은공을 기리고, 흩어졌던 가족들이 모여 화목을 도모하는 절기이기에 거국적으로 고향을 찾는 발길이 계속 이어집니다. 고향을 찾는 이 절기에 인생의 영원한 본향을 생각해 보는 것도 하늘나라를 사모하는 그리스도인에게는 의미있는 일이 될 것입니다.

그리스도인은 마음으로 감하사는 자입니다. 무엇에 감사합니까? 우리 겨레가 살 수 있는 금수강산을 주신 하나님께 감사하고, 오곡백과가 풍성하게 자라게 하심을 감사합시다. 또한 한 가족됨을 감사합시다.

감사하는 자에게는 감사할 일이 많이 생깁니다. 반대로 감사를 모르는 사람은 감사할 일을 만나도 감사를 모르므로 감사가 줄어듭니다. 사람다운 모습이 아닙니다. 사람다운 모습은 감사하는 자가 되는 것입니다.

오늘은 더욱 조상들께도 감사합시다. 그리고 받은 은혜에 감사하여 사회와 교회에 봉사하는 그리스도인이 됩시다.

(5) 기도

(6) 찬송

380장(3절)

(7) 마침기도

(주기도)

11. 결혼기념 감사기도회 예문

(같은 책, 86-87쪽)

찬송을 부름으로 결혼기념 감사기도회를 시작하겠습니다.

(1) 찬송 604장

(완전한 사랑)

(2) 기도

(3) 성경말씀

고린도전서 13 : 1-13

(4) 말씀

"숭고한 사랑으로"

먼저 결혼하여 이렇게 믿음의 가정을 이루고 살게 하신 하나님께 감사와 영광을 돌립니다. 가정은 행복한 보금자리여야 합니다. 만일 가정에서 행복을 맛보지 못한다면 이 세상 그 어디에서도 행복을 찾을 수 없는 것입니다. 하나님은 지상에 가장 행복한 보금자리로 가정을 주셨습니다.

결혼이란 사랑으로 이루어진 것입니다. 결혼의 조건을 세속적인 것에 두고 그것들을 좇아 이루는 부부들이 있습니다만 그 가정은 행복하기가 어렵습니다. 그 조건들이 항상 충분하지 못하기 때문입니다. 행복은 사랑에 있으며 사랑이 전제되지 않은 결혼이란 불행을 안고 있는 위험스런 만남이 되는 것입니다. 그러므로 부부는 항상 첫 사랑을 잊지 말고 간직해야 합니다. 아내는 남편을 순종하는 사랑으로, 남편은 아내를 주님처럼 희생하는 사랑으로 사랑해야 합니다. 그런데 세월이 가면 남편의 약점을 아내가 알게 되고, 아내의 부족한 면을 남편이 발견하게 됩니다. 여기서 많은 부부가 결혼의 권태를 느끼고 결혼의 위기를 만나게 되는 것입니다. 그러므로 부부에게 보다 승화된 사랑이 필요합니다. 그것이 그리스도의 사랑, 곧 아가페 사랑입니다. 남편의 약점을 그리스도의 사랑으로 볼 때, 그 약점까지도 사랑하여 숭고한 사랑을 할 수 있고, 아내의 부족한 점을 그리스도의 온전한 사랑으로 볼 때, 보다 더 차원 높은 아가페 사랑으로 감쌀 수 있는 것입니다. 그러니까 행복한 결혼, 행복한 가정을 계속 유지하려면 그리스도를 모시는 임마누엘 가정이 되어야 합니다. 주님을 모시고 주님의 사랑으로 피차 사랑할 때 샬롬의 가정이 되는 것입니다.

사랑을 등급으로 말하면 남녀의 사랑이 가장 낮은 사랑입니다. 곧 제일 이기적이고 가변적인 사랑이라는 말씀입니다. 부부의 사랑이 계속 남녀간의 사랑, 즉 에로스 사랑에만 머물러 있으면 행복하기 어렵습니다. 부부의 사랑을 친구간의 사랑, 더 나아가서는 그리스도의 아가페 사랑으로 승화시킵시다. 이 사랑 속에 행복이 있습니다.

우리 기독교인의 가정은 아름답고 행복한 가정이 되어야 하며, 교회와 사회에 봉사하는 가정이 되고, 이웃에게도 본이 되어야 합니다. 그래서 가정을 통해 하나님께 영광을 돌리고, 밝고 선한 사회를 만들어 가도록 노력합시다.

(5) 찬송

559장(사철에 봄바람 불어 잇고)

(6) 마침기도

하나님, 우리에게 가정을 이루어 주신 것을 감사합니다. 사랑하는 아내와 남편이 있어 부부가 되게 하시고 자식들을 주셔서 부모가 되게 하신 것을 감사합니다. 결혼기념일을 맞이하여 부부가 계속해서 첫사랑을 유지할 수 있도록 도와주시옵소서. 아니, 날이 갈수록 주님의 사랑, 아가페 사랑을 갖기 원합니다. 그래서 우리 가정이 주님이 늘 함께 계시는 임마누엘 가정, 평화와 건강과 행복이 넘치는 샬롬의 가정이 되게 하시옵소서! 예수님의 이름으로 기도합니다. 아멘.

12. 출산 감사기도회 예문

(같은 책, 94-95쪽)

새 생명, 새 가족을 선물로 주신 하나님께 감사하는 마음으로 찬송을 부름으로 기도회를 시작하겠습니다.

(1) 찬송 564장

    (예수께서 오실 때에)

(2) 기도

(3) 성경말씀

    사무엘상 1 : 21-28

(4) 말씀

"자녀를 주신 하나님께 감사하자"

먼저 우리 가정에 귀한 새 생명을 주신 것을 감사합니다. 모든 생명은 하나님의 것이요 하나님이 주시기 때문입니다. 이제는 잘 양육하는 일이 우리에게 주어진 큰 임무입니다. 자식은 여호와의 기업이라고 하였습니다(시 127 : 3). 내가 낳았다고 해서 내 소유물이 아닙니다. 부모의 소유물이 아니라는 말씀입니다. 하나님이 우리에게 맡기신 신탁입니다. 그러므로 우리는 맡겨진 자식을 잘 양육해야 할 의무와 책임이 있습니다. 그것은 하나님의 사람으로, 이 세상에서 하나님의 뜻을 이루는 훌륭한 인물로 키우는 일입니다.

자식은 농사 중의 농사요 기업 중의 기업입니다. 농사나 기업은 한번 실패해도 다시 일어날 수 있지만 자식은 한번 실패하면 대단히 어렵습니다. 그러므로 우리는 세상의 그 무엇보다도 자식을 잘 양육해야 합니다.

오늘 본문의 주인공 사무엘은 그 어머니 한나가 기도해서 낳은 아들이었습니다. 그리고 젖을 뗄 때 하나님께 바쳐진 아들입니다. 그래서 사무엘은 이스라엘의 위대한 지도자요 흠없는 하나님의 종으로 일생을 훌륭하게 산 인물이 되었습니다. 우리 아이도 사무엘 같은 인물이 됐으면 좋겠습니다. 그러기 위해서 자식을 위해 기도하기를 쉬지 않기를 원합니다. 주님의 말씀과 훈계로 양육하기 원합니다. 내 아이라고 생각하지 말고 하나님의 신탁임을 항상 깨닫고 하나님께 바친 아이로 생각하기 원합니다.

세상의 부모들 가운데는 자기가 낳은 자식인데도 마귀에게 빼앗겨버린 부모들이 많습니다. 참으로 불행한 일입니다. 우리 아이가 하나님의 자녀가 된다는 것은 참으로 다행한 일이요 하나님께 영광을 돌리는 일입니다.

자녀를 주신 하나님께 감사하고 이제 이 아이를 말씀과 기도로 잘 길러서 위대한 인물이 되도록 최선을 다합시다.

(5) 찬송

565장(예수께로 가면)

(6) 마침기도

하나님 아버지, 저희에게 자녀를 주신 것을 감사합니다. 하나님이 주신 귀한 선물이오니 하나님의 뜻에 합당하게 잘 양육할 수 있도록 지혜와 열심을 주시옵소서. 말씀으로 양육하고 기도로 길러서 하나님의 영광을 나타내고 하나님의 뜻을 이 땅에 이루는 훌륭한 일꾼이 되게 하시옵소서. 이 아들(딸) 때문에 기쁨이요 자랑이 될지언정 부끄러움당하는 일이 없도록 인도해 주시옵소서. 예수님의 이름으로 기도합니다. 아멘.

13. 백일 감사기도회 예문

(같은 책, 100-101쪽)

하나님께서는 우리 가정을 사랑하셔서 이 아이를 허락하여 주셨고, 100일 동안 지켜주셨습니다. 이러한 하나님의 은혜에 감사하며, 또 앞으로 우리가 하나님의 뜻 안에서 이 아이를 양육하겠다고 다짐하면서 하나님께 감사기도회를 드립시다. 찬송을 부름으로 백일감사기도회를 시작하겠습니다.

(1) 찬송 570장

(주는 나를 기르시는 목자)

(2) 기도

(가족 중에서)

"은혜로우신 하나님 아버지, 저희 가정을 사랑하시어 귀여운 생명을 허락해 주신 것을 감사드립니다. 그리고 지난 100일 동안도 지켜주시고, 사랑해 주시며, 인도해 주신 은총을 감사드립니다. 저희 식구들이 이 아이 때문에 하나님을 더욱 사랑하고, 하나님 앞에서 더 많은 영광을 돌릴 수 있도록 도와주시옵소서. 이 시간도 저희의 찬송과 예배를 통하여 영광을 받으시옵소서. 예수님의 이름으로 기도하옵나이다. 아멘."

(3) 성경말씀

누가복음 2 : 40, 52

(4) 말씀

"예수님이 자라나실 때처럼"

오늘 본문에서는 예수님이 어린 시절에 자라나신 모습을 세 마디로 잘 표현해 줍니다. 키가 자라면서 더욱 건강해졌고, 키가 자라면서 지혜가 더욱 충족해졌으며, 키가 자라면서 하나님의 은혜가 항상 함께하셨다고 합니다.

건강과 지혜와 은혜, 이것은 모두 우리들에게 절대 필요한 것들입니다. 건강해도 지혜가 부족하면 안 되고, 지혜가 아무리 많아도 건강이 좋지 않으면 그것도 의미가 없는 것입니다. 또한 아무리 건강하고 지혜가 있어도 하나님의 은혜가 함께하지 않으면 안 됩니다. 사람들에게는 이렇게 건강과 지혜와 은혜가 모두 함께해야 하는 것입니다.

예수님은 인간의 모범으로 오셨습니다. 그리고 하나님은 모든 사람들이 예수님처럼 건강하고, 지혜가 충족하며, 또 하나님의 풍성한 은혜 가운데서 살기를 원하십니다. 하나님은 오늘도 우리 아이가 건강과 지혜와 풍성한 하나님의 은혜 가운데 살기를 원하십니다. 이제는 우리가 ○○○를 위해 기도하고, 말씀으로 양육하여 믿음 가운데서 예수님처럼 자라갈 수 있도록 해야 하겠습니다. 그것이 ○○○를 선물로 받은 우리의 사명입니다.

(5) 찬송

564장(예수께서 오실 때에)

(6) 마침기도

(인도자)

"은혜로우신 하나님 아버지! 저희에게 ○○○를 주시고 100일 동안 돌보아 주신 것을 감사드립니다. 저희가 이 아이를 주신 하나님의 뜻을 따라서 하나님 앞에서 부끄러움 없이 하나님 마음에 합한 아이로 양육할 수 있도록 믿음과 지혜를 주시옵소서. 하나님께서 ○○○를 복되게 하셔서 이 아이가 예수님처럼 키가 자라면서 더욱 건강하게 하시고, 지혜가 충족하게 하시며, 은혜를 풍성히 받아 자라게 하여 주시옵소서. ○○○가 장차 이 세상에서 소금이 되고 빛이 되어 살 수 있도록 인도하여 주시옵소서. 예수님의 이름으로 기도하옵나이다. 아멘."

14. 돌 감사기도회 예문
(같은 책, 104-105쪽)

이 아이를 우리 가정에 허락해 주시고 1년 동안 지켜주신 하나님의 은혜를 감사합니다. 앞으로도 이 아이를 하나님의 뜻 안에서 잘 양육할 것을 다짐하면서 첫돌을 맞아 하나님께 감사기도회를 드립시다. 찬송을 부름으로 돌 감사기도회를 시작하겠습니다.

(1) 찬송

301장 (지금까지 지내온 것)

(2) 기도

(가족 중에서)

"하나님 아버지, 우리 가정에 이 아이(○○○)를 허락하여 주신 것을 감사드립니다. 우리는 하나님께서 이 아이를 허락하여 주신 뜻이 있는 줄 아오니, 우리에게 지혜를 주셔서 하나님의 뜻에 합당하게 양육할 수 있도록 도와주시옵소서. 하나님께서 ○○○가 자라는 데 더 좋은 환경을 주시고, ○○○을 양육하는 데 필요한 물질도 주시며, ○○○와 함께 하나님께 영광을 돌릴 수 있도록 믿음을 주시옵소서. ○○○ 때문에 우리가 더 하나님께 나아가는 삶이 되게 하여 주시옵소서. 예수님 이름으로 기도하옵나이다. 아멘."

(3) 성경말씀

마가복음 10 : 13-16

말씀 : 복받아야 할 어린이

제자들은 어린이들이 예수님께 오는 것을 꾸짖었습니다. 그러나 예수님은 그런 제자들의 행위에 대하여 분히 여기실 만큼 어린아이들을 경시하는 태도가 잘못되었음을 말씀해 주셨습니다. 하나님 나라는 어린아이와 같은 사람들의 것이기 때문이며, 또 우리 모두가 어린아이같이 되어야 하기 때문입니다. 그리고 예수님께서는 찾아온 어린아이들을 하나하나 안아주시고, 안수하시며, 축복해 주셨습니다. 어린아이들은 주님의 복을 받아야 할 존재들입니다.

○○○도 우리가 마음껏 축복해야 하고 하나님의 복을 많이 받아야 할 존재입니다. 미국의 대통령이었던 아브라함 링컨의 말처럼 ○○○는 우리가 시작한 일을 수행할 사람이고, 우리가 사라졌을 때에 우리의 자리에 앉을 사람이며, 우리가 중요시했던 일을 계속해야 할 존재이기 때문입니다. 다시 말하면, 이 나라의 내일을 짊어지고, 이 땅에 평화를 이룩하며, 이 땅에 하나님의 나라를 세워나갈 존재라는 것입니다. 세상이 혼란하고 죄악이 가득한 세상일지라도 ○○○ 때문에 질서가 회복되고, 하나님의 뜻이 하늘에서 이루어진 것 같이 이 땅에서도 이루어질 수 있을 것입니다.

○○○는 주님의 복을 꼭 받아야 할 아이고, 더 많이 받아야 할 아이입니다.

(4) 찬송

569장(선한 목자되신 우리 주)

(5) 마침기도

(인도자)

"은혜로우신 하나님 아버지! 저희 가정에 ○○○를 선물로 허락하여 주신 것을 감사드립니다. 저희는 ○○○가 하나님 아버지의 복을 풍성히 받고 자라나기를 원하고 있습니다. 주님이 ○○○와 꼭 함께하셔서 건강하게 자라게 하시고, 지혜롭게 하시며, 풍성한 은혜를 받고 자라게 하여 주시옵소서. ○○○가 자란 만큼 세상이 밝아지고, 질서를 찾아가고, 평화가 정착되며, 살맛나는 세상이 되게 하옵소서. 예수님 이름으로 기도하옵나이다. 아멘."

15. 장년생일 감사기도회 예문

(같은 책, 112-113쪽)

오늘 ○○○의 생신을 맞이하여 지금까지 지키시고 인도해 주신 하나님께 감사드리며, 남은 인생을 하나님의 뜻을 따라 하나님께 영광을 돌리는 삶을 살기를 다짐합니다. 찬송을 부름으로 생신감사기도회를 시작하겠습니다.

(1) 찬송 301장

　　(지금까지 지내온 것)

(2) 기도

　　(가족 중에서)

(3) 성경말씀

　　시편 1 : 1-6

(4) 말씀

　　"복 있는 사람"

　　먼저 복 있는 사람이 되기를 바랍니다. 생일이 복이 있고 삶이 복이 있어, 가는 곳에, 하는 일에 복이 있어야 합니다. 복이란 하나님을 사랑하는 자에게 복의 근원이신 하나님이 주시는 것입니다. 그러면 어떻게 복을 받을 수 있으며, 어떻게 복 있는 인생이 될 수 있을까요?

복 있는 사람이 되려면 소극적으로 세 가지를 금해야 합니다. 첫째, 악인과 함께 어떤 일을 계획하거나 꾸미지 말고, 악한 생각을 갖지 말아야 합니다. 둘째, 죄인과 함께 행하지 아니하는, 즉 죄를 범하지 말아야 합니다. 셋째, 하나님을 대적하는 오만한 자의 세계에 소속하지 않는 것으로서, 즉 하나님의 존재와 사랑을 부인하지 않아야 합니다. 사람이 한번 악인의 꾀에 빠지기 시작하면 점점 더 깊이 빠지게 됩니다. 본문에 '꾀'와 '길'과 '자리'로 나아가는 악의 점진 과정에 유의해야 합니다.

그리고 적극적으로는 하나님 말씀을 즐거워하여 그 율법을 주야로 묵상해야 합니다. 시편 128 : 1에 "여호와를 경외하며 그 도에 행하는 자마다 복이 있도다"라고 하였습니다. 하나님을 사랑하면 하나님 말씀을 사랑하기 마련이며, 하나님 말씀이 좋아서 듣고, 읽고, 공부하고, 외우고, 실천하게 됩니다. 하나님 말씀이 꿀보다 더 달고, 좋아서 말씀에서 떠나지 않는 사람이 복이 있습니다.

복 있는 사람은 시냇가에 심겨진 나무와 같다고 하였습니다. 팔레스타인처럼 건조한 땅에는 나무가 열매를 맺고 잎이 싱싱하기 힘듭니다. 그러나 시냇가에 심겨진 나무는 문제가 없습니다. 아무리 불경기요 어려움이 많다 할지라도 하는 일에 열매가 있고 사업에 발전이 있는 것입니다. 모든 일이 다 형통하고 잘된다는 것입니다. 복 있는 사람은 하는 일이 형통하게 됩니다. 복 있는 생이 되기를 바랍니다.

(5) 찬송

413장(내 평생에 가는 길)

(6) 마침기도

(인도자)

"사랑의 하나님 아버지! ○○○의 생일을 맞이하여 하나님께 감사 기도회를 드릴 수 있게 하신 것을 감사드립니다. 지난 한 해를 인도하시고 복 주신 하나님께서 금년 한 해도, 그리고 일생 다하도록 함께하시고 은혜와 복을 내려주시기를 기도합니다. 그래서 앞으로의 삶도 보람있고 건강하여 하나님께 영광을 돌리는 복된 생이 되게 하여 주시옵소서. 일생 다하도록 생명의 길, 진리의 길에 서게 하옵시고 주님의 말씀 위에 인생의 집을 짓도록 도와주시옵소서. 예수님의 이름으로 기도합니다. 아멘."

○○○의 생신감사기도회를 마치겠습니다.

16. 입학 · 졸업 감사기도회 예문

(같은 책, 122-123쪽)

(1) 찬송

330장(어둔 밤 쉬 되리니)으로 감사기도회를 시작하겠습니다.

(2) 기도

(가족 중에서)

(3) 성경말씀

잠언 1 : 7-9

(4) 말씀

"가장 중요한 것을 배우라."

오늘은 ○○○가 입학하는 날입니다. 먼저 오늘까지 키워주신 하나님께 감사하며, 건강하게 잘 자라준 ○○○를 든든하게 생각합니다. 학교에 입학하는 것은 새로운 세계에 발을 들여놓는, 즉 또 다른 사회생활의 시작이므로 다음의 사실들을 기억하기 바랍니다.

첫째, 여호와를 경외하고 섬기는 것이 모든 지식의 근본(기초)임을 알아야 합니다. 새로운 세계로 나아갈 때, 하나님과 함께 새로운 지식을 배우게 될 때, 여호와를 섬기는 믿음 위에 그 지식을 쌓아가야 합니다. 많은 지식을 쌓아도 하나님을 따라 살려는 의지가 없으면 잘못 쓰여질지도 모릅니다. 그러나 여호와의 말씀에는 우리를 바르고 의롭고 사랑하고 믿으며 행복하게, 그리고 모두와 함께 살게 하는 힘이 있습니다.

둘째, 배우는 것은 즐거운 일입니다. 이 생각을 잊지 말아야 합니다. 배우는 것은 새로운 세계를 아는 것이요, 우리를 유능한 사람으로 만들고, 우리의 삶을 행복하게 만드는 것입니다. 유대인들은 '배우는 것은 즐거운 것'이라는 생각을 어릴 때 가르치기 때문에 평생 즐겁게 배우며 살아가고, 그래서 위대한 인물이 많습니다.

끝으로, 많이 배움으로 다른 사람을 유익하게 할 수 있어야 합니다. 그리고 많이 배워 더 많은 사람을 유익하게 하고자 하는 마음이 인류의 빛이 되는 사람을 만듭니다.

(5) 찬송

575장(주님께 귀한 것 드려)

(6) 마침기도

17. 군입대 · 제대자를 위한 가정기도회 예문

(같은 책, 126-127쪽)

(1) 찬송

351장(믿는 사람들은)으로 기도회를 시작하겠습니다.

(2) 기도

(가족 중에서)

(3) 성경말씀

사무엘상 17 : 41-49

(4) 말씀

"이스라엘 군대의 하나님"

참다운 군인은 하나님이 함께하시는 사람입니다. 다윗은 칼과 창과 단창을 가지고 방패를 의지하여 나오는 골리앗을 향하여 만군의 여호와의 이름을 의지하고 나아감으로 완전한 승리를 얻었습니다. 군대의 존재 의미는 강함이요 승리인데, 참된 강함은 하나님을 의지하는 믿음이고, 진정한 승리는 하나님이 주셔야 하는 것입니다.

오늘 ○○○는 나라의 부름으로 군에 입대하여, 정해진 기간 동안 국가와 민족을 위해 봉사하게 됩니다. 누가 완전한 손으로 돕겠으며 승리하게 하실까요? 우리가 믿는 하나님이 우리와 함께하심으로 가능합니다. 이제 ○○○는 이 나라의 군인으로서 훈련과 복무에 충실할 것이며, 그리스도의 정병으로서 하나님의 능력이 이 나라 군대와 함께하신다는 믿음으로 행하기 바랍니다. 지식은 칼보다 강합니다. 그리고 믿음은 지식보다 강합니다.

(5) 찬송

585장(내 주는 강한 성이요)

(6) 마침기도

18. 개업 감사기도회 예문

(같은 책, 130-132쪽)

찬송을 부름으로 개업 감사기도회를 시작하겠습니다.

(1) 찬송

435장(나의 영원하신 기업)

(2) 기도

(가족 중에서)

(3) 성경말씀

잠언 16 : 1-3, 9

(4) 신앙고백

사도신경

(5) 말씀

"그리스도인의 경영철학"

예일대학의 존 도널드 교수는 사람의 마음 속에 있는 두려움을 일곱가지로 분석하였습니다.

1) 실패에 대한 두려움 2) 이성에 대한 두려움 3) 자기 약점에 대한 두려움 4) 다른 사람을 믿을 수 없는 두려움 5) 불안정한 생각에 대한 두려움 6) 말실수에 대한 두려움 7) 혼자 존재하는 두려움

이와 같은 상황 속에서, 그리스도인은 하나님을 믿음으로 말미암

아 능력 주시는 자 안에서 모든 두려움을 정복할 수 있다는 것입니다.

첫째, 믿음으로 경영해야 합니다.

"마음의 경영은 사람에게 있어도 말의 응답은 여호와께로서 나느니라."(잠 16 : 1)고 하십니다. 그러므로 "너의 행사를 여호와께 맡기라. 그리하면 너의 경영하는 것이 이루어지리라"(잠 16 : 4) 벧엘에서 야곱은 하나님을 체험하고 고백하기를 "여호와께서 과연 여기 계시거늘 내가 알지 못하였도다"(창 28 : 16)라고 하였습니다. 그리고 "……하나님이 나와 함께 계시사 내가 가는 이 길에서 나를 지키시고 먹을 양식과 입을 옷을 주사 나로 평안히 아비 집으로 돌아오게 하시오면 여호와께서 나의 하나님이 되실 것이요, 내가 기둥을 세운 이 돌이 하나님의 전이 될 것이요, 하나님께서 내게 주신 모든 것에서 십분의 일을 내가 반드시 하나님께 드리겠나이다"(창 28 : 20-22)라는 서원과 함께 길을 떠나 하나님의 축복된 삶을 누리게 되었습니다.

하나님은 가장 좋은 길로 그 백성들을 이끌어 가십니다. 바울의 고백인 "자기 아들을 아끼지 아니하시고 우리 모든 사람을 위하여 내어 주신 이가 어찌 그 아들과 함께 모든 것을 우리에게 은사로 주지 아니하시겠느뇨."(롬 8 : 32)라는 말씀과 같이 믿음의 경영은 가장 성공적인 경영을 이루는 것입니다.

눌째, 소망으로 경영해야 합니다.

"사람이 마음으로 자기의 길을 계획할지라도 그 걸음을 인도하는 자는 여호와시니라."(잠 16 : 9)고 하신 말씀처럼 여호와를 의지하며 오직 하나님께 소망을 두어야 합니다. 우리 앞의 인생길은 한꺼번에 열리지 않습니다. 희미하게 펼쳐진 미래, 우리 앞에 놓여진, 우리에게 처해진 시간 속에서 하나님만 바라보고 그 말씀을 의지하여 선택하고 결단하고 행동해야 합니다. 그러므로 이 경영은 "주의 말씀은 내 발에 등이요, 내 길에 빛이니이다."(시 119 : 105)라는 시편 기자의 고백으로 행해야 할 것입니다.

셋째, 사랑으로 경영해야 합니다.

"무슨 일을 하든지 마음을 다하여 주께 하듯 하고 사람에게 하듯 하지 말라."(골 3 : 23)는 말씀처럼 예수께서 주신 새 계명으로 경영하여야 합니다. 우리의 경영 대상은 사람들이지만, 경영은 주님께서 인도하십니다. 그러므로 주님이 명령하신 것처럼 "네 이웃을 네 몸과 같이 사랑하라"는 말씀을 따르는 사랑의 경영이 되어야 합니다.

넷째, 감사함으로 경영해야 합니다.

"여호와께 감사하라. 그는 선하시며 그 인자하심이 영원함이로다"(시 107 : 1)라고 고백합시다. 감사는 하나님을 따르는 그리스도인에게는 필수적인 요소입니다. 하나님은 사모하는 영혼을 만족하게 하시고, 주린 영혼에게 좋은 것으로 채워 주시는 분이시므로 모든 경영은 나의 능력이 아닌 하나님의 도움으로 이루어짐을 항상 감사하는 경영이 되어야 합니다(시 107 : 1-9).

우리 모두가 인생의 여정을 마치고 과거를 회상해 보면, 주님의 품에 안겨 어려운 계곡을 지났음을 알게 됩니다. 그리고 하나님께서 친히 부모님들이 자녀들에게 하듯이 우리를 돌보고 계셨음도 알게 됩니다(사 46 : 3-4).

"사람이 마음으로 자기의 길을 계획할지라도 그 걸음을 인도하는 자는 여호와이시니라"(잠 16 : 9).

(6) 기도

인도자

(7) 찬송

438장(내 영혼이 은총 입어)

(8) 마침기도

19. 이사 감사기도회 예문

(같은 책, 140-141쪽)

(1) 찬송

559장(사철에 봄바람 불어 잇고)으로 시작하겠습니다.

(2) 기도

가족 중에서

(3) 성경말씀

고린도전서 3 : 10-15

(4) 말씀

"인생의 집을 잘 짓자"

이사(신축)하게 된 것을 하나님께 감사드립니다. 하나님께서 은혜
와 복을 베풀어 주셔서 임마누엘 가정, 샬롬의 가정이 되게 하시옵
소서! 그것은 이 집에 사는 식구들이 주님을 모시고 살 때 가능합니
다. 아무리 좋은 집이라도 주님이 계시지 않으면 초막만도 못한 집
이 됩니다. 그러나 아무리 초라한 초가삼간이라도 주님이 함께 계
시는 집은 궁궐과 같고 하늘나라와 같은 것입니다.

인생은 모두 건축과 같습니다. 하루하루 사는 삶이 각기 자신의 인

생의 집을 짓는 일입니다. 그러면 우리는 우리 인생의 집을 어떻게 지어야 하겠습니까?

먼저는 기초를 잘해야 합니다. 가장 좋은 기초는 반석입니다. 튼튼한 집, 큰 집을 지으려면, 그리고 무너지지 않고 오래 가게 하려면 든든한 반석 위에 집을 지어야 하는 것입니다. 우리 인생의 기초반석은 무엇일까요? 그것은 예수 그리스도입니다. "이 닦아 둔 것 외에는 능히 다른 터를 닦아 둘 자가 없으니 이 터는 곧 예수 그리스도라"(11절)라고 하였습니다.

그리스도를 반석으로 삼는다는 것은 예수 그리스도를 우리 인생의 중심에 모시고 그 말씀을 삶의 철학과 원칙으로 삼고 사는 것이며, 주님을 주인으로 모시고 주님의 말씀에 순종하여 그 뜻을 이루도록 힘쓰는 것입니다. 주님은 산상수훈에서 결론적으로 "그러므로 누구든지 나의 이 말을 듣고 행하는 자는 그 집을 반석 위에 지은 지혜로운 사람 같으리니 비가 내리고 창수가 나고 바람이 불어 그 집에 부딪치되 무너지지 아니하나니 이는 주초를 반석 위에 놓은 연고요."(마 7 : 24-25)라고 말씀하셨습니다. 그러므로 말씀대로 살아야 합니다. 그렇게 하지 않으면 모래 위에 세운 집과 같아서 쉽게 무너지고 맙니다.

그리고 나무나 풀이나 짚으로 짓지 말고, 금이나 은이나 보석으로 지어야 합니다. 나무나 풀이나 짚으로 지은 집은 오래 가지 못합니다. 불이 나면 곧 타서 없어지고 맙니다. 그러나 금은보화로 지은 집은 불에도 타지 않고 오래 남습니다. 여기서 '나무'나 '풀'이나 '짚'은 쉽게 변하고 없어질 것들입니다. 곧 인생을 적당히 쉽게 변화무쌍한 것을 목적으로 삼고 사는 사람들을 말합니다.

그러나 변하지 않고 귀하고 영원한 금은보화 같은 믿음이나 인내,

사랑, 소망, 성실로 인생을 살면 쉽게 무너지지 않습니다. 불에도 잘 타지 않습니다. 세상이 변하고 시대가 바뀌어도 그의 업적이 길이 남는 것입니다. 그러므로 우리는 그리스도와 그 말씀 위에 믿음과 성실과 사랑으로 살아야 하겠습니다.

(5) 찬송

246장(나 가나안 땅 귀한 성에)

(6) 마침기도

하나님, 새 집을 마련해 주시어 이사할 수 있게 하심을 감사드립니다. 하나님, 우리 가정이 주님만 모시고 주님께 기도하고 찬송하는 임마누엘 가정이 되게 하시옵소서. 우리 인생의 집도 이 집처럼 든든하게 잘 짓게 하시옵소서. 예수님의 이름으로 기도합니다. 아멘.

20. 환자를 위한 가정기도회 예문

(같은 책, 144쪽)

(1) 찬송

365장(마음 속에 근심있는 사람)으로 시작하겠습니다.

(2) 합심기도

(온 가족이 환자의 몸에 손을 내고 합심하여 기도한다.)

(3) 성경말씀

욥기 5 : 18-21

(4) 말씀

사람들은 아프지 않고, 환난도 당하지 않으면 좋겠다고 생각합니다. 그리고 아프거나 환난을 당하거나 위기에 직면하면 하나님이

나에게 벌을 주시거나 나를 사랑하지 않는다고 생각합니다.

그러나 그렇지 않습니다. 하나님이 택하시고 사랑하시는 이스라엘 백성들은 환난 속에서 수천 년 동안을 살아왔습니다. 우리는 질병이나 환난 등의 위기를 영적인 의미로 이해해야 합니다.

첫째, 우리로 하여금 영적인 기회를 갖도록 합니다. 질병이나 어려움이 있으면 열심히 기도하게 되고, 하나님께 간절히 매달리게 되므로 좋은 믿음의 기회가 됩니다.

둘째, 우리로 하여금 우리의 삶을 점검하는 기회를 줍니다. 그동안 내가 건강하고 복되게 살아온 것에 대해 감사하게 되고, 잘못 살아온 부분에 대해서는 깨닫고 돌이키게 하는 훌륭한 기회를 갖게 됩니다. 그러므로 징계를 받는 자가 복되다고 성경은 말합니다.

셋째, 나의 자신감이나 능력이나 소유에 의지하지 않고 하나님만 의지하는 믿음을 갖게 합니다. 특히 중한 질병이나 자신할 수 없는 수술을 앞두고 있는 이들에게는 전적으로 하나님의 사랑과 능력을 구하고 체험하게 되는, 즉 믿음이 한 단계 더 성숙하는 기회가 됩니다.

(5) 찬송

471장(주여 나의 병든 몸을)

(6) 마침기도

(주기도)

참/고/문/헌

- 성경주석(박윤선, 이상근, 메튜 헨리, 칼빈, 풀핏, 국제성서주석 등)
- D.M. 로이드 죤즈, 산상설교집, 문창수 역(정경사, 1975)
- MBC아나운서국우리말팀, 우리말 나들이(시대의창출판사, 2005).
- 권동우, 킹제임스성경 유일주의의 망상(CLC, 2016).
- 권오문, 이것만 알면 바른 글이 보인다(백성, 1997).
- 기독교대한감리회 예문(기독교대한감리회 홍보출판국, 1999).
- 김석한, 교회용어 바로 쓰기(영문, 2003).
- 김세중 외, 말이 올라야 나라가 오른다(한겨레, 2004).
- 김승학, 떨기나무(두란노, 2007).
- 김영수 · 이복규, 한국그리스도교민속론(민속원, 2014).
- 나채운, 우리말 101가지 바로잡기(경진, 2009).
- 노필승 외, 우리말 글 바로쓰기 1, 2(꼭사요, 2004).
- 대한예수교장로회총회교육부, 변경된 새보운 기독교 용어(한국 장로교출판사, 2003).
- 리의도, 올바른 우리말 사용법(예담, 2005).
- 리의도, 이야기 한글 맞춤법(석필, 2005).
- 말콤 글래드웰, 아웃라이어, 노정태 옮김(김영사, 2009).
- 문성모, 민족음악과 예배, 제2판(한들, 1997).

- 문옥배, 한국 교회음악 수용사(예솔, 2004),
- 민경배, 한국교회찬송가사, 연세대출판부, 1997.
- 민영진, 바이블 FAQ(대한기독교서회, 2007).
- 민영진, 성경 바로 읽기(대한기독교서회, 2000).
- 박갑수, 우리말 바로 써야 한다 1, 2, 3(집문당, 1995).
- 박숙희 · 유동숙, 우리말 나이 사전(책이있는마을, 2005).
- 박윤우 · 엄태수 · 이복규 · 조정래, 발표토론과 글쓰기(북스힐, 2013).
- 아리스토텔레스, 니코마코스 윤리학/정치학/시학, 손명현 옮김 (동서문화사, 2014).
- 야마키타 노부히사, 기독교 용어, 이재신 옮김(한국기독교출판 문화원, 2006).
- 예문예식서편찬위원회, 표준 가정예식서(한국장로교출판사, 2000).
- 오동환, 우리말 죽이기 우리말 살리기(세시, 2002).
- 옥성호, 방언, 정말 하늘의 언어인가?(부흥과개혁사, 2008).
- 요하난 아하로니 · 미카엘 아비요나, 아가페 성서지도, 제2판, 문 창수 역(아가페, 1997)
- 윤석준, 한국 교회가 잘못 알고 있는 101가지 성경 이야기 1(부 흥과개혁사, 2010).
- 윤석준, 한국 교회가 잘못 알고 있는 101가지 성경 이야기 2(부 흥과개혁사, 2011).
- 이복규, "교회에서 쓰는 말들의 문제점", 산불 22(산성감리교회 학생회, 1993).

- 이송관 · 김기창, 교회에서 쓰는 말 바로 알고 바로 쓰자(예찬사, 1999).
- 이재철, 요한과 더불어-요한복음설교집(홍성사, 2004).
- 이진원, 우리말에 대한 예의(서해문집, 2005).
- 인명진, 한국교회를 새롭게(대한기독교서회, 2010).
- 임창호, 잘못쓰는 말 바로쓰기(집문당, 2003).
- 정장복, 그것은 이것입니다(WPA, 2009).
- 정장복, 수정증보판 예배학개론(예배와 설교 아카데미, 2010).
- 조종업, 사도신경 변호(큰샘출판사, 2004).
- 중앙일보 어문연구소, 한국어가 있다 1, 2, 3, 4(커뮤니케이션북스, 2006).
- 최명환, 글쓰기 원리 탐구(지식산업사, 2011).
- www.choiws.kr(최운식의 우리이야기 한마당)
- http://cafe.naver.com/bokforyou(이복규 교수의 교회용어 설교 예화 카페).
- http://www.newsnjoy.or.kr/news/articleView.html?idxno=200122(뉴스앤조이)
- http://www.bskorea.or.kr(대한성서공회)

찾/아/보/기

저자 **이복규**

- 국제대학(현 서경대학교) 국어국문학과 졸업
- 한국학대학원 어문학과 박사과정 1년 수학
- 경희대학교 대학원 국어국문학과 석 · 박사과정 수료(문학박사)
- 국사편찬위원회 초서연수과정 수료
- 국어국문학회 전공이사, 국제어문학회 회장 역임
- 경희대, 서울시립대, 숭실대, 총신대 출강
- 현 온지학회 회장
- 현 서경대학교 문화콘텐츠학부 국어국문학전공 교수
- 현 (아현동)산성교회 장로
- (마포지역 주민을 위한 매월 마지막 토요일) 산성인문학강좌 운영중 (2015. 10~)
- (마포지역 어린이를 위한 매주 일요일) 독서토론 글쓰기, 무료 지도 운영중 (2015~)
- 밥존스신학교 연구원 과정중.
- bky5587@empas.com
- http://cafe.naver.com/bokforyou(이복규교수교회용어설교예화카페)

〈저서〉
설공찬전연구, 한국인의 이름 이야기, 내 닷(이야기 시집) 등 단독저서 30여 종, 한국그리스도교민속론, 국문판 조선지 연구 등 공저 20여 종.

교회에서 쓰는 말과 글, 이렇게

– 설교문 비평을 곁들여 –

초판 인쇄 | 2016년 10월 5일
초판 발행 | 2016년 10월 5일

지 은 이 이복규

책임편집 윤수경

발 행 처 도서출판 지식과교양
등록번호 제2010-19호
주   소 서울시 도봉구 쌍문1동 423-43 백상 102호
전   화 (02) 900-4520 (대표) / 편집부 (02) 996-0041
팩   스 (02) 996-0043
전자우편 kncbook@hanmail.net

ISBN 978-89-6764-065-1 03230   **정가** 20,000원